戦国の貧乏天皇

渡邊大門
Watanabe Daimon

柏書房

戦国の貧乏天皇

目次

第二章◇四十三日間も葬儀ができなかった後土御門天皇

はじめに

皆さんは戦国時代の天皇といえば、どのようなイメージをお持ちでしょうか。中学や高校の日本史の教科書を紐解いてみても、ほとんど登場しなかったので、あまりピンと来ないかもしれません。「印象が薄い」あるいは「全く知らない」といっても、過言ではないでしょう。「戦国時代の天皇の名前を挙げてください」と問われても、ほとんどの人が答えられないかもしれません。

天皇に関する研究は、直接的・間接的なものを含めて、古代と近代が最も盛んといえます。その理由は、そのころの天皇が、最も力を有していたからです。律令《りつりょう》国家や明治国家を分析する観点から、多くの研究が公表されています。続いて、中世・近世が盛んなのですが、当時はまさしく武士全盛の時代であり、天皇の影は薄かったのです。しかし、中世といいましても、研究されているところとそうでないところとでは、雲泥の差があるのが現状です。

戦前から最も研究が進んだのが、後醍醐《ごだいご》天皇を中心とした南北朝《なんぼくちょう》時代の前後の時期になります。続いて、織豊《しょくほう》期の正親町《おおぎまち》・後陽成《ごようぜい》の両天皇の研究が、織田信長・豊臣秀吉との関係から近年論じられるようになりました。しかし、おおむね十五世紀半ば頃から十六世紀半ば頃までの天皇については、さほど研究の対象になることはありませんでした。それは、戦国大名が全盛期の中にあって、最も天皇の存在自体のイメージが薄かったからでしょう。

では、これまでの中世における天皇に関するイメージや研究について、以下で簡単に触れることにしましょう。

⁂

十二世紀後半に源頼朝《みなもとのよりとも》が鎌倉幕府を開いて以来、天皇や公家の影はすっかりと薄くなってしまいました。そのような中で、承久《じょうきゅう》三年（一二二一）には後鳥羽上皇《ごとばじょうこう》が承久の乱で鎌倉幕府との対決に挑みます。源実朝《さねとも》歿後、後鳥羽と幕府の関係はしっくりとせず、政策の一致点を見出せずにいました。当然、幕府は武士を守る立場にありました。後鳥羽は諸国に北条義時《ほうじょうよしとき》の追討令を発しましたが、東国の武士に応じる者は少なかったのです。

後鳥羽は天皇の権威を背景に挙兵すれば、各地の武士は全員従うと思ったのでしょう。しかし、それは大きな見込み違いでした。後鳥羽は、無残な敗北を喫することになります。その結果、後鳥羽は隠岐島に配流されました。そして、順徳《じゅんとく》上皇は佐渡へ、土御門《つちみかど》上皇は土佐へそれぞれ流されたのです。天皇が配流された例は、保元《ほうげん》の乱後に崇徳《すとく》上皇が讃岐に流された事実がありますが、極めて屈辱的なことでした。延応元年（一二三九）二月二十二日、後鳥羽は無念のうちに隠岐島で亡くなりました。

承久の乱後、天皇が幕府に反旗を翻すことはありませんでした。承久の乱で武士の力を見せ付けられたからです。公武は協調しながら政権運営を図っていきましたが、天皇家では皇位継承という大きな問題が持ち上がることになります。

文永九年（一二七二）に後嵯峨法皇《ごさがほうおう》が亡くなると、その子息である後深草《ごふかくさ》上皇と亀山《かめやま》天皇のどちらの系統に皇位が引き継がれるかが問題となりました。問題は、皇位継承だけに止まりませんでした。皇位継承とともに広大な皇室領荘園の継承が絡み、問題はさらに深刻化したのです。

そこで、鎌倉幕府は事態の収拾を図るため、北条時宗《ときむね》によって皇位継承の斡旋が行われました。つまり、亀山天皇の皇子・世仁《よひと》親王（のちの後宇多《ごうだ》天皇）が践祚《せんそ》すると、後深草上皇の皇子・熙仁《ひろひと》親王（のちの伏見《ふしみ》天皇）を皇太子に据えたのです。こうすることによって、後深草上皇（持明《じみょう》院統《いんとう》）と亀山天皇（大覚寺統《だいかくじとう》）が交代で皇位を継承することになったのです。これを両統迭立《りょうとうてつりつ》といいます。

両者が交代で皇位を継承するように決定したのですが、明文化されたものではなかったので、以後も皇位や皇室荘園をめぐって争いは絶えませんでした。皇位継承の問題は、政治上のさまざまな問題に波及しました。事態を重く見た幕府は、文保《ぶんぽう》元年（一三一七）に皇位継承のルールを確定するよう、持明院統と大覚寺統に求めました。これを文保の和談といいますが、結局は明確な皇位継承のルールは定まりませんでした。

そのような状況下で即位したのが、後醍醐《ごだいご》天皇なのです。文保二年（一三一八）のことでした。その三年後、後醍醐は院政《いんせい》を廃止して、天皇親政《しんせい》を開始することになります。これまでは院政が常識的に行われてきたのですが、後醍醐は天皇の地位にあって、政治を行おうとしたのです。後醍醐は身分にかかわらず、積極的に人材を登用し、打倒鎌倉幕府を目論みました。ところが、その計画は正中《しょうちゅう》の変（正中元年・一三二四）と元弘《げんこう》の変（元弘元年・一三三一）の二度にわたって失敗に終わり、後醍醐は隠岐島に配流となったのです。

ところが、元弘三年（一三三三）閏二月、後醍醐は隠岐を脱出すると、各地の武士を味方に募り、同年五月に鎌倉幕府を滅ぼしました。百四十年近く続いた武士政権は、いったん消滅することになったのです。後醍醐を支援したのは、楠木《くすのき》氏、赤松《あかまつ》氏、名和《なわ》氏などの新興武士たちでした。長年の悲願を達成した後醍醐は、次に天皇親政を軸とする建武新政《けんむしんせい》を開始したのです。

建武親政では征夷大将軍《せいいたいしょうぐん》を置かず、記録所《きろくじょ》、雑訴決断所《ざっそけつだんじょ》、武者所《むしゃどころ》などの中央機関を設置し、地方支配では守護《しゅご》と国司《こくし》を併置しました。また、特徴的であったのは、これまでの家柄や身分を重視することなく、実力によって人材を登用するところにありました。したがって、かつての下級官人がかなり登用されています。先述のとおり、これまで史上にあらわれなかったような武士も登用されています。

しかし、後醍醐の新しい政治では、公家・武家を問わず大きな不満が生じました。実力による人材登用は、これまでの慣習を無視したもので、支持を得ることができなかったのです。公家などからすれば、これまでの家格を無視した人事は、とても許せなかったのでしょう。特に深刻だったのは、所領に関する問題でした。従来の領有権が否定され、新たに後醍醐の安堵を受ける必要が生じたからです。このため所領に関する係争が著しく増加しました。

このような政権が長く続くはずはありません。建武新政は、わずか三年余で破綻し、足利尊氏《あしかがたかうじ》によって室町幕府が樹立されるのです。以後、幕府が擁立する北朝《ほくちょう》と吉野に逃れた南朝《なんちょう》とに分裂し、約六十年近くにわたる抗争が続きます（南北朝の内乱）。この抗争に一応の決着が見られるのは、明徳三年（一三九二）に足利義満《よしみつ》が南北両朝の合一をするまで待たなくてはなりませんでした（南北朝合一）。

後醍醐以降の歴代で、華々しく政治の表舞台で活躍する天皇はいなくなりました。したがって、地味な印象があるのは止むを得ないところでしょう。室町期以降の天皇は、第一章から詳述するので省略することとし、戦国時代の天皇がこれまでどのように考えられていたのかを、少し述べることにしましょう。

⁂

今谷明氏が指摘するように、戦国時代における天皇の式微《しきび》（ひどく衰えていること）は、すでに近世から伝説化されていました。天皇の貧しさを物語るエピソードは実に多く、第四章で取り上げる後奈良《ごなら》天皇は食事にも事欠くため、短冊に自ら筆を振るって礼銭を獲得したという逸話があります。いわゆる宸筆《しんぴつ》（天皇の直筆）は大変貴重なもので、高値で売買が行われていたのです。

それどころか、江村専斎《えむらせんさい》の『老人雑話《ろうじんざつわ》』によると、織田信長の時代の内裏《だいり》は築地塀《ついじべい》がなく、竹垣に茨《いばら》を絡ませたものであったと記されています。信長は天皇家に領地を寄進し、内裏の修繕に力を尽くしたので、のちに高い官位を得たといわれています。信長が勤皇家《きんのうか》であったと指摘される所以です。以後、武将を評価する際は、勤皇家であるか否かが一つの指標になった感があります。

同じく『老人雑話』によると、常盤井《ときわい》殿なる宮家に訪問者があり、人を介して訪ねたところ、常盤井殿が対面には障りがあると言いました。理由は、常盤井殿が夏衣装しか持ち合わせていないからでした。訪問者はそれでも構いませんと言って対面したところ、常盤井殿は蚊帳《かや》に包まって現れたといいます。訪問者が驚いたことは、もちろんいうまでもありません。ここまでくると、失笑せざるを得ないところです。

『老人雑話』の著者である江村専斎は京都の医師で、百歳の長命を保ったといわれる人物です。ただし、『老人雑話』の成立は正徳三年（一七一三）で、弟子の伊藤坦庵《いとうたんあん》（宗恕《そうじょ》）が専斎から口述筆記をしたものです。したがって、同時代の史料ではないので、注意が必要といえましょう。『老人雑話』以外にも天皇・公家の窮乏を描いたものは多く、こうした近世に成立した編纂物が、戦国時代の天皇や公家の姿を形作ったと指摘されています。編纂物による戦国時代の天皇像は、改められなくてはならないと思います。

⁂

近世における編纂物などでは、天皇や公家の窮乏振りは、嘲笑の対象として語り継がれてきました。高い地位にある人が貧しい生活を送っていたことは、おもしろおかしく表現され、一般に受け入れられたのでしょう。しかし、その窮乏振りは、研究者によって実証されたわけではありませんでした。近代に至っても戦国時代の研究を行う様子は、ほとんど見られることなく、相変わらずお寒い研究状況が続いたのです。

そのような研究状況の中で、戦前に一冊の本が刊行されました。奥野高廣氏の『皇室御経済史の研究』です。奥野氏は長らく東京大学史料編纂所に勤め、日本中世史の研究に大きな足跡を残した人物です。織田信長の史料集を作成したことでも、非常に有名な研究者です。これまで戦国時代の天皇の研究はあまり行われておらず、先述したとおり、天皇が窮乏に瀕していたという事実も実証されていませんでしたが、この本が定説を覆すことになります。

奥野氏は多くの史料を駆使して、戦国時代における皇室の財政状況という研究課題に取り組んだのです。本書の第二章以降でも触れますが、当該期の天皇は葬儀や即位の式が延引することが度々ありました。そのような事実から、窮乏説が誕生したのでしょう。しかし、奥野氏は当時の皇室財政を検討した結果、収入がほとんどないという前提を疑問視し、従来の式微説を否定したのです。奥野氏の実証的な研究により、戦国時代の天皇研究は、飛躍的に前進をすることになったのです。

しかし、戦前における奥野氏の貴重な研究があるにもかかわらず、戦後はあまり戦国時代の天皇に触れられた研究はありませんでした。たとえば、昭和二十五年（一九五〇）に肥後和男氏の『天皇史』（冨山房）が刊行されましたが、そのタイトルにもかかわらず戦国時代の天皇はほとんど取り上げられていません。ほかにも「天皇」を冠する本は数多く刊行されましたが、戦国時代の天皇は無視される状況が続きました。戦国時代における天皇の研究は、すっかり置き去りにされたままだったのです。

戦後になっても、天皇に関わる著作・論文は、ほぼ古代と近代に集中しており、中世ではせいぜい鎌倉から南北朝または織豊期が対象になるくらいでした。最近では、講談社から『天皇の歴史』がシリーズで刊行されましたが、対象はおおむね十五世紀半ばまでの巻と、十六世紀の半ば以降の巻に分かれています。十五世紀半ばから十六世紀半ばまで――戦国時代――の間は、すっぽりと抜け落ちているのです。

戦国時代の天皇が取り上げられない理由はいろいろと推測されますが、戦国時代の天皇には、概して研究対象とすべきようなトピックスが少ない、と考えられたのかもしれません。この頃の天皇は、後醍醐天皇のように、政治の表舞台に出てくることはありません。また、織田信長と正親町天皇の関係のようなスリリングさにも欠けているかもしれません。存在自体が地味なのです。文化的な側面で天皇は活躍したのですが、一般的に歴史研究は政治史や経済史に重点が置かれていたこともあり、文化史分野の天皇研究も低調でした。

こうした研究状況に風穴を開けたのが、先述した今谷明氏でした。今谷氏は著書『戦国大名と天皇――室町幕府の解体と王権の逆襲』の中で、武家官位、天皇の即位儀礼と内裏修造、戦国大名の上洛運動などを素材とし、天皇の存在意義を改めて問い直しています。その後、注目すべき研究が数多く登場しますが、今谷氏の研究が大きな問題提起となっており、少なからず影響を受けているように思います。

しかし、問題点が多いのも事実です。たとえば、戦国時代の歴代天皇――本書で取り上げる後土御門《ごつちみかど》、後柏原《ごかしわばら》、後奈良《ごなら》――の事蹟などは、未だ人名辞典や『歴代天皇紀』のようなものに頼るしかありません。基礎的な事実でさえ、十分明らかにされていないのが現状なのです。また、戦国時代を取り扱った通史などを一覧しても、バランスの関係も影響しているのか、ほとんど取り上げられません。

⁂

以上のように、戦国時代における天皇の研究は、未だ十分ではないということができます。しかしながら、戦国時代の天皇の研究が重要であることは、誰もが認識していると思います。

そこで、本書は巻末で取り上げた史料や参考文献をもとに、戦国時代の天皇について考えることを目的としています。その際、各天皇の事蹟に注意を払うとともに、重要なトピックスに触れつつ、天皇の存在意義を考えてみたいと思います。また、天皇はなぜ生き残ったのか、ということも重要なテーマですので、最後に私なりの意見を述べることとします。日々の天皇の姿に触れ、その存在意義を見直すというのが本書の大きな目的です。

【天皇系図】

※傍の数字は在位年、下の数字は代数。記載は原則として皇統譜に基づく。

- 後嵯峨《ごさが》天皇 88（一二四二―四六）
- 後深草《ごふかくさ》天皇 89（一二四六―五九）
- 亀山《かめやま》天皇 90（一二五九―七四）
- 後宇多《ごうだ》天皇 91（一二七四―八七）
- 伏見《ふしみ》天皇 92（一二八七―九八）
- 後伏見《ごふしみ》天皇 93（一二九八―一三〇一）
- 花園《ごはなぞの》天皇 95（一三〇八―一八）
- 光厳《こうごん》天皇 北1（一三三一―三三）
- 光明《こうみょう》天皇 北2（一三三六―四八）
- 崇光《すこう》天皇 北3（一三四八―五一）
- 後光厳《ごこうごん》天皇 北4（一三五二―七一）
- 後円融《ごえんゆう》天皇 北5（一三七一―八二）
- 後小松《ごこまつ》天皇 100（一三八二―一四一二）
- 称光《しょうこう》天皇 101（一四一二―二八）
- 栄仁《よしひと》親王
- 貞成《さだふさ》親王
- 後花園《ごはなぞの》天皇 102（一四二八―六四）
- 後二条《ごにじょう》天皇 94（一三〇一―〇八）
- 後醍醐《ごだいご》天皇 96（一三一八―三九）
- 後村上《ごむらかみ》天皇 97（一三三九―六八）
- 長慶《ちょうけい》天皇 98（一三六八―八三）
- 後亀山《ごかめやま》天皇 99（一三八三―九二）
- 後土御門《ごつちみかど》天皇 103（一四六四―一五〇〇）
- 後柏原《ごかしわばら》天皇 104（一五〇〇―二六）
- 後奈良《ごなら》天皇 105（一五二六―五七）
- 正親町《おおぎまち》天皇 106（一五五七―八六）
- 誠仁《さねひと》親王
- 後陽成《ごようぜい》天皇 107（一五八六―一六一一）

【足利氏略系図】

※傍の数字は代数。

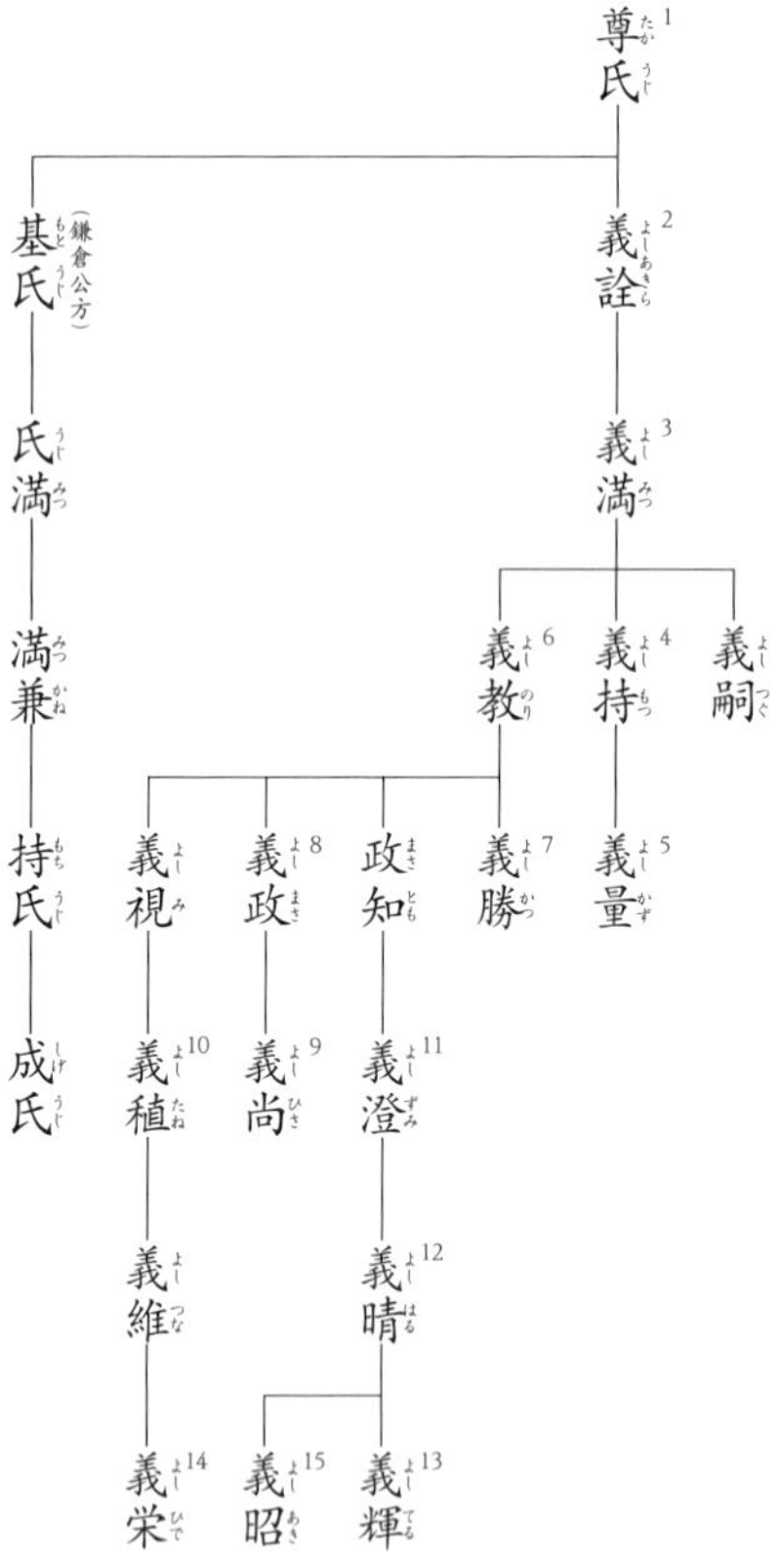

第一章◇困難に直面する戦国初期の天皇

◇足利義満の登場

長きにわたった南北朝《なんぼくちょう》の内乱は、三代将軍・足利義満《あしかがよしみつ》によって終結することになりました（南北朝合一）。しかし、これで南北朝の問題が、完全に解決したわけではありません。南朝の後《ご》亀山《かめやま》天皇は皇位が譲られることを首を長くして待っていましたが、結局、約束は反故にされたのです。応永《おうえい》十七年（一四一〇）、不満を抱いた後亀山天皇は吉野に出奔《しゅっぽん》しました。この勢力は、のちに後南朝《ごなんちょう》と称されることになります。

義満は、明徳《めいとく》二年（一三九一）に「六分の一殿」と称された山名《やまな》氏を滅ぼし（明徳の乱）、応永六年（一三九九）には大内《おおうち》氏を討滅しました（応永の乱）。山名氏、大内氏とも複数の守護職を兼ねる大勢力でしたが、彼らを討つことによって勢力の削減に成功したのです。反幕府勢力を押さえ込むことによって、義満は権力の頂点に立ちました。ちなみに、義満の官歴を確認すると、次のようになります。

①応安元年（一三六八）――征夷大将軍。
②永徳元年（一三八一）――内大臣《ないだいじん》。
③永徳二年（一三八二）――左大臣《さだいじん》。
④永徳三年（一三八三）――源氏長者《げんじちょうじゃ》、淳和《じゅんな》・奨学両院別当《しょうがくりょういんべっとう》。准三后《じゅさんごう》。
⑤応永元年（一三九四）――太政大臣《だじょうだいじん》（征夷大将軍辞任）。翌応永二年に辞任。

義満は応安元年（一三六八）に征夷大将軍に就任以降、内大臣を経て太政大臣へと昇進します。いわゆる公家化が進行するのです。源氏長者とは、庶流さまざまある源氏一族の氏長者のことを意味します。淳和院は清和《せいわ》天皇の離宮《りきゅう》であり、奨学院は大学別曹《だいがくべっそう》の一つでした。源氏長者は、淳和・奨学両院の別当（長官）を兼ねるのが通例なのです。

准三后とは、平安時代以降、天皇の近親者もしくは摂政《せっしょう》・関白《かんぱく》・太政大臣その他、功労ある公卿・武官・僧侶などを優遇するため、特に設けた称号を意味します。義満は、三宮《さんぐう》（太皇太后《たいこうたいごう》宮、皇太后宮《こうたいごう》、皇后宮《こうごう》）に准じる扱いを受けたことになり、朝廷への接近度を高めたことになります。

この間、義満は外交権も掌中に収め、応永九年（一四〇二）の明《みん》の詔書には「日本国王　源　道《みなもとのどう》義《ぎ》」と記されています。この詔書に対して義満は、「日本国王臣源」として返書を送り、明の冊《さく》封《ほう》を受けました。冊封とは、中国の皇帝が、その一族、功臣もしくは周辺諸国の君主に対して、王、侯などの爵位を与え、これを藩国とすることを意味します。つまり、日本は明の従属国になったことになるのです。

◇義満の皇位簒奪計画はあったのか

ここで問題になるのは、太政大臣辞任以降の義満の動向です。義満は即座に出家すると、応永四年（一三九七）に北山第《きたやまてい》に移住しました。今谷明氏は、明徳四年（一三九三）に後円融《ごえんゆう》が亡くなると（後継者は後小松《ごこまつ》天皇）、上皇の王権を吸収し事実上の院政を開いたと指摘しています（『室町の王権』）。そして、次に示す諸政策を実行し、公武両勢力の頂点に立ったと考えています。

①公家の官職任免に伴う拝賀奏慶《はいがそうけい》や門跡の院務始《いんむはじめ》の礼を北山第で行うこと。
②自らの参内出仕はすべて上皇の儀礼に準じること。
③伝奏を秘書として「国王御教書《こくおうみぎょうしょ》」を発給すること。

さらに、応永十三年末に通陽門院《つうようもんいん》が亡くなると、義満の正妻日野康子《ひのやすこ》を准母《じゅんぼ》*としました。翌々年には、次男義嗣《よしつぐ》を皇位候補として北山第行幸を仰ぎ、義嗣が親王に準じた形で元服を行っています。これは、極めて異例のことでした。このような一連の義満の動きから、今谷氏は子の義嗣を天皇位に就けることによって、天皇家から皇位を簒奪《さんだつ》する計画があったと指摘しました。今谷氏の説は大変魅力的かつ大胆な内容でもあり、発表当時は大きな話題を呼びました。

ところが、この説に対しては、多くの反論があったのも事実です。その点を次に触れることにしましょう。今谷氏に反論を行ったのは、永原慶二氏、河内祥輔氏、新田一郎氏、水林彪氏といった面々です。

義満が子の義嗣を天皇位に就けることは、実に危険なことでした。天皇は政治的・軍事的な権力を有していませんが、その権力を正当化する地位にあったからです。天皇の地位を権力者が簒奪すると、自ら（この場合は義満）の権力を正当化する存在を不安定にしてしまいます。つまり、天皇の地位を誰もが簒奪できるようになると、逆に天皇位に就いた自身の権力が危機に陥るのです。義嗣が天皇位に就くことは、父である義満自身の権力が揺らぐという危険性・矛盾があり、皇位簒奪の意図はなかったと指摘されています。

太政大臣を辞して出家した義満は、北山第に移住しましたが、これは太政大臣よりもふさわしい上皇相当の地位の獲得にあったと考えられています。義満が目論んだのは、事実上の院政です。そして、義満の究極の目的は、自身が上皇の権力を完全に奪い取って、上皇と将軍の両方の権力を行使し得る最高権力者になることにあったと指摘されています。つまり、天皇位を奪取するというよりも、天皇を活用して自らの権力を正当化するということになるでしょう。

このように現段階では、義満に皇位簒奪の計画があったという説については、多くの論者が否定的な意見を述べています。しかしながら、その後の室町期の天皇がさまざまな意味で、苦境にあえいでいたのは事実といってもよいでしょう。以下、称光《しょうこう》天皇、後花園《ごはなぞの》天皇について、順次述べていくことにします。

＊准母――天皇の生母に準じる立場にあることを公的に認められた女性のこと。内親王の場合が多く、一般に皇后の称号または女院号が与えられたが、単に皇妃である場合もあり、内親王でない中宮・皇后である場合もあった。

◇称光天皇の誕生

最初に、称光天皇の略歴を示すことにしましょう。応永八年（一四〇一）三月二十九日、称光天皇は後小松天皇の第一皇子として誕生しました。母は、光範門院藤原資子《こうはんもんいんふじわらのすけこ》（日野資国娘《ひのすけくに》）です。諱《いみな》は、躬仁《みひと》といいます。しかし、称光天皇の生きた時代は、南北朝が合一したものの、未だ皇位継承に決着がみられない不安定な時代でした。特に、吉野に出奔した後南朝は、大きな悩みの種だったのです。

応永十七年（一四一〇）、後亀山院は嵯峨《さが》を出奔して吉野に向かいました。南朝から皇位後継者が選ばれないという苛立《いらだ》ちが頂点に達し、抗議行動に打って出たのです。しかし、このとき義満はすでに亡くなっており（応永十五年・一四〇八歿）、跡を継いでいたのは義持《よしもち》でした。実のところ、義持には南朝から皇太子を選出するという考えがなかったといわれています。義持は後亀山院が出奔したことを契機にして、北朝から皇太子を選ぼうと画策しました。義満時代の約束の反故です。

本来、皇太子は天皇が即位すると同時に選ぶことが、最も望ましい姿でした。後小松が選ぶことができなかったのは、南朝と北朝とが交代で皇位を継承するという約束があったからです。しかし、後亀山院が出奔し、後村上《ごむらかみ》天皇（後亀山の父）の孫・成仁が出家していた事情もあって、南朝からの皇太子選出の芽はなくなりました。北朝側に好条件が重なると、立太子《りったいし》の動きは急ピッチで動き出しました。その流れは、次のとおりです。

①応永十八年（一四一一）十一月二十五日――立太子
②同年　　　　　　　　十一月二十八日――元服《げんぷく》
③応永十九年（一四一二）　八月二十九日――践祚《せんそ》
④応永二十一年（一四一四）十二月十九日――即位《そくい》

このような手順を踏まえて、あっという間に称光天皇が誕生したのです。同時に、後小松は上皇《じょうこう》となり、院政が開始されました。ちなみに、践祚と即位の違いですが、践祚は皇位に就くことを示し、即位は天皇位に就くことを意味します。このことによって、南朝側の皇位継承という悲願は、はかなく消え去ってしまったのでした。

◇悲劇の称光天皇

称光天皇は半ばどさくさに紛れて天皇になったのですが、その後、将軍・足利義持からある申し入れがありました（『看聞日記《かんもんにっき》』）。申し入れに関わる事件は、応永二十三年（一四一六）十二月に起こりました。称光は、前相国寺《しょうこくじ》住持の絶海中津《ぜっかいちゅうしん》の影前《えいぜん》において受衣《じゅえ》されました。受衣とは、弟子が法を伝授された証として、師から僧衣を受けることを意味します。同時に、大寶《たいほう》壽《じゅ》という法諱《ほうい》も授けられたのです。

しかし、ここで義持がクレームをつけました。義持は称光の諱《いみな》の躬仁《みひと》が「身に弓がある」と難じたのです。つまり、身に弓を引くという意味に捉え、問題がある（不吉である）と考えたのでしょう。義持の相談を受けた相国寺の顎隠慧奯《がくいんえかつ》は、「躬」と同じ音の字に変更すべきであると述べました。顎隠慧奯の提案を受けた称光サイドは、いったんは辞退するものの、結局は受け入れざるを得ませんでした。このようなクレームは、異例といわざるを得ないでしょう。

ところで、十四歳で即位した称光は大変病弱であったといわれており、応永二十五年（一四一八）にはかなりの重篤《じゅうとく》に陥っていました。詳しい病名などはわかりませんが、身体とともに精神的な疾患があったといわれています。幕府では京都五山《ござん》に対して、病気平癒の祈禱を行わせています。当時は医療技術が十分に発達しておらず、とりあえず神仏に祈願することに重要な意味があったのです。

ここで新たな問題が浮上してきました。称光が後継者となる皇太子を定めていなかったのです。称光には子がなかったため、クローズアップされたのが弟の小川宮《おがわのみや》でした。小川宮は応永十一年（一四〇四）の誕生なので、称光の三つ年下になります。母は称光と同じなので、同母弟でした。なお、『本朝皇胤紹運録《ほんちょうこういんじょううんろく》』*には「儲君《ちょくん》となす」と記されています。儲君とは皇太子の異称ですが、実際に立太子された記録はありません。したがって、この記述は疑問視すべきでしょう。

＊『本朝皇胤紹運録』――後小松天皇が内大臣洞院満季に命じ、当時の皇室系図を収集し、天神七代・地神五代を加えて、応永三十三年（一四二六）に成立した。歴代天皇とその皇子女の血統を細かく表記し、天皇には代数と生母および誕生、立太子、即位、譲位、崩御などの年月日や諱、陵墓名などを、皇子女には生母や極官、極位、薨年などを注記し、皇室系図として最も詳細なものである。

◇問題のある小川宮

小川宮は、正直なところ問題の多い人物でした。応永二十七年（一四二〇）一月、正月の儀式の最中に妹を「蹂躙《じゅうりん》」する事件を起こしています（『看聞日記』）。「蹂躙」の内容はわかりませんが、突然暴力を振るったのでしょう。この一報を耳にした父の後小松は、激怒しました。父の勘気を蒙った小川宮は仙洞御所《せんとうごしょ》から逐電《ちくでん》し、母の養父・日野資教《ひのすけのり》邸に逃げ込んだのです。『薩《さっ》戒記目録《かいきもくろく》』には「義絶《ぎぜつ》」という厳しい言葉が記されているので、後小松がいかに怒っていたかがわかります。

同年十月、足利義持の計らいもあって、小川宮は勘気を解かれ、勧修寺経興《かじゅうじつねおき》に預けられました（『看聞日記』）。小川宮と称されているのは、経興邸が小川邸と呼ばれていたことにちなんでいるといわれています。しかし、小川宮の奇行は収まることなく、応永三十年（一四二三）二月には内裏《だいり》を襲撃することもあって、後小松は警護を命じているほどです（『兼宣公記《かねのぶこうき》』）。さらに同月には、内裏で飼育していた羊を欲しがったので与えたところ、即座に撲殺する事件を起こしています（『看聞日記』）。皇太子候補としては、かなり問題があったのです。

このように小川宮は奇行の目立った人物でしたが、応永三十二年（一四二五）二月十六日に突如として亡くなりました（『看聞日記』）。「頓死《とんし》」とあるので、何らかの病気で伏せていたのではなく、突然死だったのでしょう。まだ、二十二歳という若さであり、翌月には元服も控えていました。小川宮の元服が遅いのは、先述した奇行が影響したと考えられます。小川宮の死によって、後継者問題は振り出しに戻ったのです。同時に、後小松の出家も延期されました。

◇苦肉の策による立太子

小川宮が突然亡くなったことによって、再び後小松は皇位継承で頭を悩ませることになります。というのも、後小松には称光と小川宮しか男子がいなかったからです。そこで、後小松は苦肉の策として、伏見宮貞成《ふしみのみやさだふさ》を親王とし、称光の後継者に据えようと考えたのです。当時、貞成は五十四歳という年齢に達していました。

ところで、皇位を継承するという話は、貞成にとっては願ってもない大きなチャンスでした。貞成の祖父である崇光《すこう》天皇は、光厳《こうごん》天皇の第一皇子です。観応三年（一三五二）、崇光は父・光厳らとともに南朝に拉致《らち》され、吉野の賀名生《あのう》に連れ去られました。北朝では天皇が不在になったので、光厳の第三皇子である後光厳《ごこうごん》を擁立しています。その後、崇光は皇子・栄仁《よしひと》親王の立太子を強く望みましたが、それは果たせず後光厳の皇子・緒仁《おひと》親王（のちの後円融《ごえんゆう》天皇）が立太子されたという経緯がありました。

その結果、栄仁親王は伏見宮と称し、皇位継承とは無縁になってしまいました。以後、伏見宮家から天皇が輩出されることはありませんでした。しかし、ここに来て、祖父・崇光の系統に皇位継承がめぐってくるという僥倖《ぎょうこう》に恵まれたのです。伏見宮家にとっての悲願が叶う状況となったのです。そして、応永三十二年（一四二五）四月十六日、貞成は晴れて親王宣下を受けました（『看聞日記』）。

【伏見宮家系図】

崇光《すこう》天皇――栄仁《よしひと》親王――貞成《さだふさ》親王┬後花園《ごはなぞの》天皇
　　　　　　　　　　　　　　　　　　　　　　　└貞常《さだつね》親王

一見して順調に見えた貞成の皇位継承ですが、実際にはそう簡単に進みませんでした。後小松は称光と仲が悪く、称光は精神的に追い詰められていたといわれています。ついに称光は、天皇位を放棄したいとまで申し出ました。事態は深刻だったのですが、何より称光は貞成を皇位継承者に定めたことを不快に思っていたようなのです。

このままでは、事態の収拾がつかなくなります。意を決した後小松は、応永三十二年閏六月に貞成へ出家するよう勧めました。貞成が出家することにより、皇位継承問題をいったん白紙に戻そうとしたのです。要請を受けた貞成は、翌月出家をしています。正長《しょうちょう》元年（一四二八）七月二十日、称光は極度のノイローゼにより黒戸御所《くろどのごしょ》*で亡くなりました。二十八歳という若さでした。諡号《しごう》は、称徳《しょうとく》、光仁《こうにん》の両天皇から一字ずつ採り、称光院としました。では、称光の死後、皇位継承の問題は、どのようになっていったのでしょうか。

*黒戸御所――内裏の清涼殿の北廊で、滝口の戸の西にあった細長い部屋のことをいう。薪のすすで黒くなっていたところから、この名がついた。

◇後花園天皇の登場

さまざまな事情から貞成は出家し、天皇位に就くことを断念せざるを得ませんでした。こうして、事態は深刻さを増していきました。称光の歿後、三宝院満済《さんぽういんまんさい》は自身の日記の中で「(称光には)皇子が一人もいなかった。珍事である」と書き記しています(『満済准后日記《まんさいじゅごうにっき》』)。珍事には、単に「珍しいこと」と言う意味もありますが、この場合は「思いがけない重大なできごと。変事。一大事」がふさわしいでしょう。実際の日記では「珍事珍事」と二度書かれているので、相当な重大事と認識されていたのです。

実は、水面下において、皇位継承の準備が着々と進められていました。後小松は次善の策として、貞成の子息である彦仁《ひこひと》(のちの後花園《ごはなぞの》天皇)の践祚《せんそ》を画策していたのです。もはや残された選択は、これしかなかったといえます。この案に関しては、事前に将軍・足利義持の了解も取り付けており、取り急ぎ後小松の猶子《ゆうし》(兄弟・親類または他人の子を自分の子とすること)に彦仁を迎えたのです。貞成が後小松の勧めに応じて出家したのは、あらかじめこの計画を知らされていたからだと考えられます。そうでなければ、かなり揉めていたことでしょう。

このような事情があったので、彦仁の践祚に至るプロセスは急展開で行われました。それは、異例ともいうべきものでした。

彦仁が皇位を継承するに際しては、義持歿後に跡を継いだ義教《よしのり》が積極的に関与していることを確認できます。正長元年(一四二八)七月十二日、義教の命を受けた三宝院満済は、世尊寺行豊《せそんじゆきとよ》を伏見宮に派遣し、翌日に彦仁を京都に迎えたいと申し出ています(『満済准后日記』)。このとき貞成に対して、正式に彦仁を天皇位に就けることが伝えられました。称光の亡くなる八日前ですが、この段階で容態の悪化がさらに進行したと考えられ、速やかな皇位継承を行うべく採られた措置だったのです。

翌十三日になると、幕府は畠山満家《はたけやまみついえ》を伏見宮に遣わし、赤松満祐《あかまつみつすけ》の警護のもとで伏見宮から東山の若王子《わかおうじ》に移動させています。このときは隠密な行動がとられました。そして、十六日になると、彦仁は後小松の猶子として晴れて迎えられ、翌十七日に仙洞御所へ入ったことが確認できます。称光が亡くなったのは、先述のとおり七月二十日のことでした。直後から、皇位継承をめぐる動きが活発化することになります。

まず、問題となったのは、彦仁が立太子《りったいし》、立親王《りっしんのう》の儀を行っていないことでした。称光の死の間際に皇位継承が急遽決定したので、むろんできるわけがありません。そのような事情もあって、践祚は太上《だいじょう》天皇の*詔《みことのり》によって、前右大臣の三条公光《さんじょうきんみつ》邸で行われ、無事に剣璽渡御《けんじとぎょ》（譲位のとき、剣璽を先帝から新帝に承継する儀式）を終えることができました（『皇年代略記《こうねんだいりゃっき》』）。称光が亡くなってから、八日間も皇位に空白が生じました。関係者にとっては、薄氷を踏むような思いがあったことでしょう。

翌永享《えいきょう》元年（一四二九）十月二十七日、即位式が太政官庁で無事に執り行われました（『看聞日記』など）。四年後の永享五年一月には、元服の儀も無事に行われました。一連の儀式を踏まえて、名実ともに後花園は天皇位に就いたということがいえるわけです。同年十月、後小松が亡くなると、その遺言に基づき、長講堂領《ちょうこうどう》、法金剛院領《ほうこんごういん》など多くの所領が後花園へと伝えられました。その中には、伏見宮家から天皇家に流れた熱田社領《あつたしゃ》なども含まれています。

＊太上天皇——本来は退位した天皇を意味するが、のちに天皇が自分の父で天皇に即位することのなかった親王に贈る尊称をも意味するようになった。

◇貞成の喜び

後花園が天皇になったことを大変喜んだのは、ほかでもない父の貞成《さだふさ》でした。その思いは、次のとおり『椿葉記《ちんようき》』（後述）に綴られています。

昔、皇統が絶えてのち、二・三代を経て、再び皇統を継いだ例があった。わが一流（伏見宮家）から出た者（後花園）が絶えた皇統を継ぐことは、めでたさも格別である。それより、拙いわが家から出て、皇位を授けられることは、天照大神、正八幡大菩薩のご神慮とは申しながら、不思議な果報である。これも私の幸運面目というべきである。

先述のとおり、崇光《すこう》以来の血統は長らく皇位に就くことがありませんでした。貞成はぎりぎりのところでそのチャンスを失ったのですが、わが子が皇位を継承するのは晴れがましく、大変な喜びであったことがわかります。以後、称光には子がなかったので、その系統は絶えることになり、後花園の系統が皇位を継承することになりました。ちなみに、文安《ぶんあん》四年（一四四七）十一月二十七日、貞成親王は太上天皇の尊号《そんごう》を贈られ、後崇光院《ごすこういん》と呼ばれるようになりました。しかし、翌年二月二十二日に尊号を辞退しています。

◇皇位継承の複雑な背景

ところで、貞成は大変教育熱心でもあり、後花園に対して『椿葉記』という書物を贈っています。『椿葉記』とは、いかなる書物なのでしょうか。

『椿葉記』は貞成の手になるもので、一言でいえば持明院統《じみょういんとう》および崇光天皇以後の動静を書き記した書物です。そもそもの目的は、崇光（伏見宮家）の流れが正統であるという見解をまとめ、後花園に上奏《じょうそう》するところにありました。永享《えいきょう》三年（一四三一）十一月頃から、貞成は執筆の準備を始めています。翌年十月にはいったん完成し、最初の書名は『正統廃興記《しょうとうはいこうき》』と命名されました。

しかし、後花園天皇への奏覧《そうらん》は、さまざまな事情があり実現しませんでした。後小松の在世中に奏覧することは、憚られることがあったのでしょう。その間、貞成は永享五年（一四四三）一月の後花園の元服までの記述を追記しています。そして、書名も『椿葉記』と改めました。こうして永享六年（一四三四）八月、貞成は後花園に『椿葉記』を奏覧したのです。その翌月、後花園から『椿葉記』を受け取った旨の書状が届けられています。ところで、さまざまな事情とは、どういうものだったのでしょうか。

実は、称光が亡くなり、後花園が皇位を継承すると、後小松が貞成を天皇の実父と認めない態度をとったのです。貞成は後花園が皇位を継承すると、太上天皇の尊号授与を奏請《そうせい》しました。しかし、治天《ちてん》の君《きみ》である後小松はこれを警戒し、要請をかたくなまでに拒否したのです。後小松は永享五年十月に亡くなりますが、遺言の中で貞成に太上天皇の尊号を授けないようにと書き記しているほどです。

さて、『椿葉記』の内容は、先述のとおり、崇光から後花園に至るまでの流れを記していますが、後花園の君徳を涵養《かんよう》するための叙述も多く占められています。一種帝王学の趣があるといっても過言ではありません。つまり、貞成は後花園の将来に大きな期待をかけていたのです。その一部を示すと、次のようになります。

①伏見宮家は琵琶《びわ》の家として知られているので、琵琶に修練すること。
②和歌や文学作品（『源氏物語』『伊勢物語』）に親しみ、人としての修練をすること。
③②に関連して、学問に励み和漢の学に通じること。

貞成が聖主《せいしゅ》として仰いだのが、一条《いちじょう》、後朱雀《ごすざく》、後三条《ごさんじょう》といった平安時代の天皇でした。後花園には、そうした聖主になることを心から願っているのです。①〜③は総じて芸能・学問に精進することを勧めていますが、それは政治のうえにも役立つことでした。貞成は豊かな才能を持ち、学問に通じていることを政道における天皇の本務であると説いています。続けて、次のように述べています。

訴訟のことは、関白以下のしかるべき臣下に勅問すればよい。また法家の勘状《かんじょう》を参考にし、道理に任せて沙汰すれば、君として誤らないであろう。

実務面は臣下のものに任せ、天皇は大局から判断を下す、ということになるでしょう。そのためには、学問に通じていなくてはならなかったのです。その後、貞成は後花園に対し、数多くの書物を贈りました。

◇期待された後花園

後花園が期待されたのは、天皇が政治的権力を失ったとはいえ、学問・芸能に精進し、徳を高めることにありました。事実、後花園は中国の古典（『孝経』『論語』『孟子』など）を猛勉強していたと伝えられています。歌集も数多く残しており、最後の勅撰《ちょくせん》和歌集である『新続古今和《しんしょくこきんわ》歌集《かしゅう》』を編纂するよう命じています。のちに後花園は「近来の聖主」と称えられることとなり（『応仁略記《おうにんりゃっき》』）、貞成の期待に見事に応えたといえるでしょう。

ところで、後花園はこれまでの天皇とは異なり、大変政治的な天皇であったということができます。以下、その辺りを確認しておきましょう。

後花園が皇位を継承した時点（正長元年〔一四二八〕）では、各地での争いごともそれほど多くはありませんでした。しかし在位中には、永享《えいきょう》の乱、嘉吉《かきつ》の乱が続けて勃発し、退位後も応《おう》仁《にん》・文明《ぶんめい》の乱という天下の大乱に直面しています。まさしく乱世を生きた天皇といえるでしょう。しかし、これまで乱世において、天皇はほとんど期待されていませんでした。なぜなら、軍事力を持たない天皇は傍観するのみで、武家が武力を用いて解決していたからです。ただ、後花園は傍観することなく、積極的に関わっていったのです。

◇永享の乱の勃発

後花園が紛争に積極的に介入した最初の例は、永享十年（一四三八）に勃発した永享の乱になります。永享の乱とは、いかなる事件だったのでしょうか。

南北朝以来、室町幕府は鎌倉府《かまくらふ》を置き、東国の支配に当たっていました。鎌倉公方《くぼう》は、鎌倉府の長になります。初代鎌倉公方は、二代将軍である義詮《よしあきら》の弟・基氏《もとうじ》が就任しました。以後、鎌倉公方はその子孫に代々世襲されることになります。しかし、歴代の公方は幕府に対する対抗意識が強く、たびたび衝突することがありました。中でも対抗意識が強かったのが、四代目の足利持氏《もちうじ》なのです。

応永二十三年（一四一六）十月、東国では上杉禅秀《うえすぎぜんしゅう》の乱*が勃発し、鎌倉公方である持氏は鎮圧に奔走しました。この乱で鎌倉府の支配体制は一気に混乱し、持氏は立て直しに注力します。しかし、持氏は東国の諸豪族に強圧的な態度で臨んだため、彼らとの対立がさらに激化し、新たな問題を抱えることになりました。

また、将軍・義持の歿後、将軍の後継者問題が持ち上がりましたが、持氏は後継候補に選ばれなかったので、強い不満を持ちました。以降、持氏は反幕府行動を公然と取るようになります。たとえば、持氏の子息である賢王丸《けんおうまる》が元服すると、これまでの慣例にならって将軍・義教の「教」字を用いなければならないところを、勝手に「義久」と名付けました。当時、こうした先例や慣例が、極めて重要視されていたにもかかわらずにです。

それだけではなく、持氏は信濃の村上・小笠原両氏の抗争などに介入し、さらに駿河・今川氏の家督相続問題にも干渉しました。こうした行動が幕府を刺激することになったのです。以上のようなことがあって、持氏は幕府と対立するようになります。関東管領《かんとうかんれい》の上杉憲実《うえすぎのりざね》は持氏を諌めましたが聞き入れられず、両者の関係も悪化しました。

幕府は、こうした持氏の動きを無視することができませんでした。南奥州支配を担った篠川《ささがわ》御所《ごしょ》の足利満直《みつなお》（三代目鎌倉公方の足利満兼《みつかね》の弟）へ働きかけたり、京都扶持衆《ふちしゅう》を設置したりしました。京都扶持衆とは、鎌倉公方の指揮命令系統に属するのではなく、幕府の指揮命令系統に属する東国の武将のことです。こうして幕府は持氏を牽制しましたが、持氏はついに憲実へ追討軍を派遣することになるのです。これが永享の乱の始まりです。

そこで、幕府は持氏追討を決め、東国の諸氏に出陣を命じています。東国の多くの諸氏は、幕府の命に従いました。その結果、持氏は幕府に降伏し、鎌倉の永安寺《えいあんじ》に幽閉《ゆうへい》され、翌年に自害を命じられるのです。

一見すると、幕府がすべてを解決したように見えますが、実は後花園も永享の乱に深く関わっているのです。次に、その点を確認しましょう。

＊上杉禅秀の乱——関東管領・上杉禅秀（氏憲）が足利持氏に対して起こした反乱である。禅秀の家人・越幡氏が持氏に処分され所領を没収され、持氏と対立して辞職。持氏は、後任に上杉憲基を任命した。そのため禅秀は反持氏を掲げ、将軍義持の弟義嗣、持氏の叔父満隆、さらに東国の諸豪族と与同し反旗を翻したが、翌年には鎮圧された。

◇綸旨を発給する

持氏が憲実を討とうとすると、憲実は幕府に救援を求めました。このとき義教が頼ったのは、意外にも後花園だったのです。

永享の乱の鎮圧に苦慮した義教は、「袞竜《こんりょう》の袖《そで》」にすがって朝廷に綸旨《りんじ》の発給を願ったといわれています。「袞竜の袖」とは、天皇の衣服の袖のことですので、この場合は義教が後花園に泣きついてお願いしたという意味になるでしょう。綸旨とは、天皇の意を奉じて蔵人《くろうど》や側近が発行する奉書《ほうしょ》形式の文書のことを意味します。その多くは、薄墨色をした宿紙《しゅくし》（漉き返し紙）を用いました。つまり、天皇の意思が直接反映された文書であり、乱の鎮圧に絶大な効果が期待されました。

今谷明氏は、この綸旨が『関東兵乱記《かんとうへいらんき》＊』という軍記物語に記載されていることと、『安保文書《あぼもんじょ》』に案文があることを指摘しています。この綸旨を意訳すると、おおむね内容は次のようになります。

天皇の勅を奉じていう。足利持氏はここ何年もの間、朝廷の秩序をないがしろにし、さらに今度は挙兵に及んだ。このことは東国での忠義を失墜させるばかりか、国中を混乱に陥れるもので、天罰は逃れ難い。朝廷としてどうして放置できようか。早く武勇の臣を派遣し、豺狼《さいろう》（山犬や狼のような心を持つ人。残酷で貪欲な人）の賊徒を討ち果たさねばならない。以上の勅命を幕府に執達するように命じる。

永享十年八月二十八日　　左少弁資任（烏丸）　奉わる

謹上　三条少将（実綱）殿

ところで今谷氏は、この綸旨が『関東兵乱記』といった軍記物語に記載されていることや、『安保文書』に案文しか残っていないことから、綸旨が発給された事実を確定することは難しいと指摘しています。しかし、『公名公記《きんなこうき》』にも、若干文章に異同はありますが、ほぼ同文の綸旨を載せていることが確認できます。したがって、後花園による綸旨の発給は、事実と認めて問題ないと考えられます。

こうした綸旨は、「治罰の綸旨」または「征伐の綸旨」と称されており、天皇が朝敵《ちょうてき》に対して追討を命じるものでした。したがって、持氏は朝敵だったことになります。ただ、持氏が義教や憲実と敵対し、関東に兵乱を起こしたことは事実ですが、直接天皇に弓を引いたわけではありません。もちろんそのこと自体が間接的に天皇に反旗を翻したといえば、そうなるかもしれません。残念なことに、綸旨が発給されたプロセスは明らかにされていませんが、持氏が天皇に対して行った所業を確認しておきましょう。


*『関東兵乱記』——『相州兵乱記』ともいう。鎌倉公方の歴史から説き起こし、永禄七年（一五六四）の国府台合戦、武田氏の箕輪城攻めに至る、関東における諸兵乱の物語である。序によれば、北条氏の家人が先祖の記録を編纂したものといわれている。

◇朝敵になった持氏

後花園が綸旨を発給する以上、仮にその理由がこじつけであっても、何らかの理由があったはずです。その点を考えてみましょう。

実のところ、持氏には天皇に対するいくつかの非道な振る舞いがありました。正長元年（一四二八）七月に後花園が皇位を継承したことは、すでに触れたとおりですが、本来ならば持氏は慶賀《けいが》の使を送らなければなりませんでした。しかし、持氏は慶賀の使を送ることなく、それどころか兵を率いて西国に攻め上がるとの噂が流れたのです。これは穏やかではありません。

こうした態度に対して、義教は使者を持氏のもとに送り、後花園の践祚《せんそ》に慶賀の意を表さないことを責めたのです。同じ一族でもあり、関東の支配を任せているのですから、当然の指示かもしれません。しかし、義教が派遣した使者は道中で賊に遭い、ついに持氏のもとにたどりつけなかったといわれています（『満済准后日記』など）。使者がたどりつけなかった一件は、持氏に嫌疑がかけられ、朝廷に対する逆意とみなされたのです。

これだけではありません。正長二年（一四二九）九月五日、天皇が称光から後花園に引き継がれたことに伴い、年号が「正長」から「永享」に変わりました（『建内記《けんないき》』など）。ちなみに年号は、天変地異、疾疫《しつえき》、兵乱などの契機によって改められました。加えて、新しい天皇が践祚（または即位）した翌年にも改元が行われました。これを「代始の改元」といいます。当時は今のように通信が発達していないので、多少の時間差が生じたのは事実ですが、各地では改元が伝わると、速やかに新年号が使われました。

ところで、改元は複雑な手続きを経て、制定されるものです。改元の手続きでは、年号勘者《ねんごうかんじゃ》という識者がいくつもの新年号案を考え、公卿が検討を加えます。新しい年号の出典は、中国の古典に求められました。さらに以前使用された年号はもちろんのこと、異朝（中国など）の年号と重複しないよう注意が必要でした。年号勘者には、相当な知識が求められたのです。最終的に新年号は天皇が決定し、詔書をもって公布されました。元号の最終決定権は、天皇の手にあったのです。

年号が「正長」から「永享」に変わっても、持氏は古い年号である「正長」を使い続けました。ちなみに関東では、私年号《しねんごう》という私的に制定した年号が用いられることがありました。いずれにしても新年号を用いないということが、時の朝廷、つまり後花園に対する反逆行為であると認識されても仕方がありません。改元に従わないという事実が、持氏が朝廷を蔑ろにする行為と捉えられたのです。

治罰の綸旨が発給された根本的な理由は、持氏が原因で関東に大乱が勃発したことにあるでしょう。大乱という、政治の強い危機に対する対処策が綸旨だったのです。しかし、持氏討伐に際して綸旨を発給するには、「持氏が朝敵である」ということが必要不可欠な条件でした。綸旨の発給には、義教からの強い要請があったことは疑いないところですが、後花園にすれば「朝敵」という理由が絶対に欠かせなかったのです。

綸旨の発給が後花園の強い意思に基いたものだったのかは、発給プロセスが明らかでないため、残念ながらわかりません。しかし、後花園は「近来の聖主」と称えられており、父・貞成の教えにより政治的な関心も非常に高かったはずです。したがって、後花園は綸旨の発給には意欲的であったと考えられます。これを機会として、次に嘉吉《かきつ》の乱が勃発すると、後花園は再び綸旨を発給することになるのです。

◇嘉吉の乱の勃発

嘉吉元年（一四四一）六月二十四日、六代将軍の足利義教が、播磨国など三ヵ国守護の赤松満祐《あかまつみつすけ》に暗殺されるという前代未聞の大事件が発生しました。義教の死は、「将軍犬死」と称されるほど衝撃的なものでした（『看聞日記《かんもんにっき》』）。この大事件に際しても、幕府は後花園に赤松氏討伐を命じる綸旨の発給を要請しています。この綸旨発給に関しては、発給に至る詳細な経過がかなり明確になっています。次に、問題を綸旨の発給プロセスに絞り、今谷明氏らの研究を参考にして検討することにしましょう。

義教の葬儀が行われたのは、死後十日以上も経過した七月六日のことです。謀殺された義教の首は、赤松氏に奪い取られるという失態を演じていました。義教の葬儀と同時並行で、後継の将軍に慌しく義勝《よしかつ》が指名されました。そして、幕府による赤松氏討伐軍は、管領《かんれい》の細川持之《ほそかわもちゆき》を中心として編成されたのです。赤松氏討伐軍が京都を出発したのは、義教の葬儀から五日後の七月十一日ことでした。この時点で、義教の死から三週間近く経っていました。

赤松氏討伐軍が摂津国兵庫で赤松氏と戦ったのは、七月二十五日のことです。義教が歿してから、すでに一ヵ月が経過したことになります。あまりに遅すぎる対応です。さすがの幕府にも、焦りが色濃く滲んできました。幕府は事態を憂慮し、後花園に赤松氏討伐の綸旨発給を奏請しました。翌二十六日のことです。幕府は赤松氏を朝敵にすることによって、戦いを有利に進めようと考えたのです。ところが、綸旨の発給には、複雑な手続きが必要であり、幕府の思い通りには円滑に進みませんでした。

◇再び綸旨を発給する

赤松氏討伐の綸旨発給は、意外なほど難しいことでした。これまでの幕府の動きは大変鈍かったのですが、その背景には幼い将軍を支える管領の細川持之が自身の力量に大きな不安を抱えていたからでした。先述のとおり、赤松氏討伐が速やかに進まないのは、義教死後の幕府の影響力が守護や国人に及んでいなかったからと考えられます。専制的な性格の義教から幼主義勝に将軍が変わったことは、あまりに大きな落差でした。そこで七月二十六日、持之は万里《まで》小路時房《こうじときふさ》を招いて、綸旨発給について相談をしています。このことを記録した『建内記』によると、持之の心境は次のようなものでした。

義勝様が少年であるので、代わりに管領として下知を下しているのですが、守護たちはどのように思っているでしょうか。心もとないので、赤松氏討伐の綸旨を申請する次第なのです。

持之は赤松氏討伐があまりに遅延しているので、自身の責任を痛感していました。これは幕府の権威だけでは、赤松氏討伐が円滑に進まなかったことを示唆しています。もはや後花園にすがるよりほかはなかったのです。

苦悩する持之に対して、時房は「綸旨の申請は本来朝敵に限られている」という誠に素っ気ない返事をしました。先例を重んじる公家としては、ある意味で全うな回答といえるでしょう。それだけではありません。時房は「赤松氏は将軍家の累代の陪臣《ばいしん》であって、朝敵追討の綸旨は発給できない」と正論を展開したのです。簡単にいえば、嘉吉の乱で義教が満祐に謀殺されたのは、単なる武家間の私闘に過ぎないということになります。赤松氏が朝敵でなければ、綸旨は発給できないのです。

先述のとおり、永享の乱では持氏討伐の綸旨が発給されました。持氏の件については、さまざまな要因を総合すれば、一応は朝敵の名に値するものがあったからです。冷たいのかもしれませんが、時房はこの時点において、嘉吉の乱は足利氏と赤松氏との私闘に過ぎないとの見解を表明したのです。常識的に考えると、国政を担う将軍が殺されたわけですから、速やかに綸旨を発給すべきところです。しかし、朝廷では、そのように考えていなかったのです。

持之は、この回答に納得しませんでした。そして、粘り強く綸旨発給を要請したのです。持之からすれば、まさしく命がけだったはずです。廷臣たちも持之の熱心な説得に折れ、ついに綸旨の発給に同意したのです。

綸旨の発給が決まると、その手続きに向けて、慌しく動き出しました。二日後の七月三十日、実際に綸旨の書記を担当する坊城俊秀《ぼうじょうとしひで》は、綸旨の文面を相談するために時房のもとを訪れました。せっかく訪れたのですが、時房は三十日が軍事を忌む大赤口《しゃっこう》という日であると述べ、明日にして欲しいと返答しました。時房のささやかな抵抗だったのでしょう。しかし、俊秀が簡単に引き下がらなかったので、時房は綸旨の草案を急いで書き上げ、大外記の舟橋業忠《ふなばしなりただ》に添削を依頼しようとしました。

時房は気が進まないまま綸旨作成に携わったのですが、肝心の業忠は霍乱《かくらん》（暑気あたりで起きる諸病の総称）と称して面会を拒みました。もうあとには引き返せません。時房は業忠の邸宅に押しかけると、強引に添削を依頼したのです。こうして急ごしらえで綸旨の草案が完成し、八月一日に俊秀は後花園に草案を披露したのでした。
草案を一見した後花園は、次のような感想を漏らしています。

草案の内容は差し支えないが、文章が少しばかり不足しているようです。

そして、自ら筆を取ってさらに変更を加えたのです。綸旨を添削するという行為からも、後花園の政治への意欲的な姿勢をうかがうことができます。政治的混乱を一刻も早く鎮めたいという、後花園の強い気持ちがあったのです。

◇綸旨を添削する後花園

添削前の綸旨の草案と添削後の綸旨の草案とでは、大きな変化を確認することができます。実際にどのような違いがあるのか、次に提示して確認したいと思います。

［草案］
播磨国凶徒の事、忽ち人倫《じんりん》の紀綱《きこう》を乱し、なほ梟悪の結構に及ぶ。攻めて赦す無く、誅し

て遣さざる者乎。急速に官軍を遣はし、征伐を加へしめ給ふべきの由、天気候ところなり。
この旨を以て申し入らしめ給ふべし。仍て執達件の如し。

八月一日　　左少弁俊秀《(坊城)》

謹上　右京大夫《(細川持之)》殿

［添削後］

綸言を被るにいわく、満祐《(赤松)》法師ならびに教康《(赤松)》、陰謀を私宅に構へ、忽ち人倫の紀綱を乱し、朝命を播州にふせぎ、天吏《てんり》の干戈《かんか》を相招く。然れば早く軍旅を発し、仇讎《きゅうしゅう》（かたき）を報ずべし。忠を国に尽くし孝を家に致すは、唯この時にあり。敢へて日をめぐらすなかれ。兼ねてまた彼と合力の輩、必ず同罪の科に処せらるべし。てへれば綸言かくの如し。この旨を以て申し入らしめ給ふべし。仍て執達件の如し。

八月一日　　左少弁俊秀

謹上　右京大夫殿

両者を読み下しにして提示しました。比較すれば一目瞭然ですが、共通する部分は線部の「忽ち人倫の紀綱を乱し」と「この旨を以て申し入らしめ給ふべし。仍て執達件の如し」の箇所だけです。史料末尾の書止文言は定型ですから、変えようがありません。したがって、実際は文言の添削というよりも、全面的な書き直しといっても差し支えないでしょう。草案は事務的に命令を伝達しているだけですが、後者はかなり具体的な内容になっています。添削後の綸旨について、もう少し詳しく内容を確認してみましょう。

まず、冒頭部分では具体的に個人名を挙げて、綸旨を交付する明確な理由が示されています。中でも「朝命を播州にふせぎ、天吏の干戈を相招く」という文言が、非常に重要な意味を持っています。「朝命を播州にふせぎ」の意味は、「天皇の命令を播磨国で遮っている」ということになります。つまり、赤松氏が天皇の命令を邪魔していることを明確に示すことにより、「朝敵」にふさわしい存在であることを強くアピールしているのです。それゆえに、「天吏の干戈を相招く」という事態に至ったわけです。

また、「忠を国に尽くし孝を家に致すは、唯この時にあり」という文言には、各地の守護・国人《こくじん》が、臣下として後花園に従うことを要求しています。将軍に対してではなく、後花園に対して求めていることが注目されます。さらに「兼ねてまた彼と合力の輩、必ず同罪の科に処せらるべし」という文言は、赤松満祐に与《くみ》する勢力があれば、同罪として処分されることを力強く宣言しています。

ここまで見てきたとおり、坊城俊秀が作成した草案は文面が非常に定型的であり、事務的であるといえますが、後花園の添削した綸旨には、赤松氏を討伐するという自身の強い意思表明が感じられるのです。

◇政治への熱い思い

このとき、すでに後花園は二十三歳の青年になっていました。成長するにつれ、永享の乱の時よりもさらに強い政治的な志向があったと考えられます。普通、公文書を発給する場合は、坊城俊秀が作成した草案のように、ごくあっさりとした定型的かつ事務的な文章が多いといえます。先例にならい、差し障りのないものが一般的だったのです。

ところが、後花園が筆を取った添削後の綸旨は、明らかに自身の政治への熱い思い入れや意欲がうかがえます。後花園は父・貞成《さだふさ》の教えを忠実に守り、ある意味で真摯《しんし》に取り組んだといえるかもしれません。天皇は軍隊を持っていませんが、綸旨を発給することによって、間接的とはいえ政治への参画を果たしたといえるのです。

管領・細川持之は綸旨を受け取ると、それを速やかに征討軍の陣中に回付しました。持之は綸旨の発給が異例のことと認識しており、幕府から綸旨の発給を強く要請したことによって、朝廷が応じたことにしました。したがって、朝廷内の綸旨の承認は、通常の手続きを経ることなく、事後承諾であったのです。

綸旨発給の一連のプロセスについて、公家たちはいかなる感想を持ったのでしょうか。八月五日、内大臣・西園寺《さいおんじ》公名《きんな》のもとに綸旨の写しが回付されてきました。これまでの流れでわかるように、綸旨の発給に関わった公家衆は、どちらかといえば今回の綸旨発給に拒否反応を示していました。公名も自身の日記『公名公記』の中で、「納得できないことである」と強い不満の意を示しています。公家は先例を非常に重要視します。したがって、彼らは、今回の綸旨発給には納得しかね、異常事態と感じたのです。

結局、嘉吉元年（一四四一）九月十日、幕府軍の攻撃を受けた赤松満祐は、播磨国の城山城で自害しました。少なからず、綸旨の効果はあったのです。

◇長禄・寛正の飢饉

このような後花園の政治への意思や熱い思いは、直接軍事行動を伴うものではなかったのですが、非常に積極的といえます。一方で、実務に携わる公家にとっては、先例を無視していることや正規の手続きが踏まれていないことから、強い不満があったに違いありません。彼らが綸旨発給の途中で、縁起の悪い日であるとか、病気を理由にしていたのは、無言の抵抗だったのです。

ところで、後花園の生きた時代は、飢饉《ききん》などの多い時代でした。とりわけ長禄《ちょうろく》・寛正《かんしょう》の飢饉は人々の生活に大打撃を与えました。

長禄三年（一四五九）九月、山城・大和の両国を中心に暴風雨が襲い、京都の鴨川《かもがわ》は洪水となり、多くの人々が亡くなりました（『碧山日録《へきざんにちろく》』など）。こうした暴風雨や洪水は、山城・大和だけでなく、周辺諸国にも大きな被害をもたらしたと考えられます。また、人命だけでなく、農作物の収穫などにも大きく影響し、政治、経済、社会に深刻な悪影響を与えたのです。これが、長禄の飢饉を招くことになります。

東福寺《とうふくじ》派の禅僧雲泉太極《うんぜんたいぎょく》の日記『碧山日録』を手掛かりにして、当時の状況を探ってみたいと思います。

長禄三年（一四五九）九月、太極は天下安泰を願って祈禱をしていたのですが、それでも人々が自然災害や飢餓に苦しむ理由を五つ挙げています。そのうちの三つは、神の怒りや祟りなので省略し、残る二つを挙げておきましょう。

①将軍・義政は明徳（聡明な徳）な人物であるが、側近たちがそれをくらましていること。
②重臣たちの争いの間、民衆たちが徳政を求めて一揆を起こしていること。

①によると、少なくとも太極は、義政を聡明な君主と見ていたのでしょう。むしろ、大きな原因は、義政を支える側近たちにあったと考えているようです。②は①に付随して起こったと考えています。しかし、飢饉の状況は、深刻さを増していく一方でした。以下、『碧山日録』の記述をもとに、もう少し詳しく確認しておきましょう。

寛正二年(一四六一)正月の記事によると、前年には旱魃《かんばつ》、長雨による異常気象やイナゴの大量発生に伴う虫害により、未曾有の不作となったことが記されています。京都市中は周辺地域から流入した貧民で溢れかえり、餓死者が続出するという極めて危険な状況に陥っていました。いわゆる寛正の飢饉です。

四条大橋から鴨川を一望すると、川が死体によって堰《せ》き止められ、死臭が辺り一帯に充満する地獄絵図であったといわれています。おびただしい死体の数は、約八万二千人に上ったとも伝わっています。これは、鴨川周辺の死者の数にしか過ぎませんので、実際には広範囲にわたって、さらに多くの死者があったことは想像に難くありません。当時は衛生面でも問題があったでしょうから、感染症なども広がったことでしょう。やがて周辺諸国から、京都市中へさらに多くの貧民が流れ込んだといわれています。

◇義政の室町邸新築

このような状況に対して、当時の八代将軍・足利義政は消極的ながらも勧進僧《かんじんそう》のグループに資金提供をするなど、問題の解決にあたります。勧進僧は浮浪者に食事を与えたり、病気の看護をしたりするなど、積極的に働きました。しかし、現実には大きな効果は認められず、せいぜい施餓鬼供養《せがきくよう》や死者の霊を弔うのが関の山でした。そして、寛正二年（一四六一）四月、大雨によって餓死者、病死者の死体が流され、自然の力によって、悩まされてきた死体の措置が完了したのです。誠に皮肉なことでした。

ただ、義政は少々暢気《のんき》であったといわざるを得ません。なぜなら、義政の花の御所造営工事が、飢饉や食糧不足が問題となったこの時期に行われているからです。それは周囲を驚愕させるほどの規模でした。

そもそも義政は、御所を烏丸殿《からすまどの》へ定めており、室町殿《むろまちどの》へ移住する長禄三年（一四五九）までの十六年間を過ごしていました。烏丸殿は義政の母日野重子《ひのしげこ》の従兄弟・烏丸資任《からすますけとう》の邸宅で、現在の京都市上京区烏丸今出川の相国寺《しょうこくじ》前にありました。しかし、烏丸殿では将軍御所の設備が不十分で、さまざまな不便があったようです。

そこで、文安《ぶんあん》二年（一四四五）六月、旧室町殿から御所寝殿《ごしょしんでん》などを烏丸殿に移設する作業を行っています（『斎藤基恒日記《さいとうもとつねにっき》』）。四年後の文安六年（一四四九）、この作業は無事に完了しました（『康富記《やすとみき》』）。移設作業は大規模のものであり、いうまでもなく莫大な経費がかかったことは間違いありません。

ところが、烏丸殿へ移ってから九年後の長禄二年（一四五八）十一月、突如として義政は旧室町殿に新しい邸宅の建築を決定したのです。実は、烏丸殿に山水庭園工事が完了した直後のことでもあり、わざわざ新築する理由はよく分かっていません。強いていうならば、周囲に対する将軍権力の誇示と言う側面があったことは否めません。次に、義政の新邸が造営された経過を確認しましょう。

長禄二年（一四五八）十一月、義政の指示によって新室町邸の工事開始が決定し（『在盛卿記《ありもりきょうき》』など）、諸大名が集められています。そして、永享三年（一四三一）の足利義教《よしのり》の例にならって、管領の細川勝元《かつもと》と侍所所司《さむらいどころしょし》の京極持清《きょうごくもちきよ》が普請始を行い、惣奉行は山名持豊《やまなもちとよ》と畠山義忠《はたけやまよしただ》が担当しました。工事は丸二年の期間を要し、寛正元年（一四六〇）に至ってようやく完成しました。先述のとおり、この時期は全国的な大飢饉と重なっているのです。

◇義政を叱責する

室町邸の新たな造営について、周囲はどのように感じていたのでしょうか。むろん、その評価は芳しいものではありませんでした。

経覚《きょうがく》は興福寺《こうふくじ》別当を四度も務めた高僧ですが、にわかに義政が室町殿跡に移るという噂を耳にし、多くの人々が天を仰ぐほど驚愕した、と書き記しています（『経覚私要抄《きょうがくしようしょう》』）。同じく興福寺の尋尊《じんそん》（一条兼良《いちじょうかねら》の子息）は、自身の日記『大乗院寺社雑事記《だいじょういんじしゃぞうじき》』の中で、室町殿新築について「及ぶものがないくらいの天下の大儀である」と呆れた感想を漏らし、「この前に造作した山水庭園は無駄であった」と嘆息しているのです。この驚きというのは、新邸の造営決定が急であったことはもちろんですが、むしろ全国的な大飢饉という状況の中で、莫大な費用を要する新邸建築にあったことは想像に難くありません。

実際に完成した義政の新邸は、山水庭園に舟を浮かべ、水鳥を放つなど贅《ぜい》の限りを尽くした豪華絢爛なものでした（『碧山日録』）。庶民の苦しい生活とは、隔絶したものがあったのです。義政が新邸建築を行った理由は、先述のとおり将軍権力の誇示にあると考えられ、同時に義教の例にならって、御所を移したものと推測されます。幸か不幸か、歴代将軍の「嘉例《かれい》」にならったといえるでしょう。こうして義政は自らの権力を誇示しようとしたのですが、結果的に周囲から白眼視されることになったのです。

また、義政の無神経さは、新邸の新築のみに止まりませんでした。『新撰長禄寛正記《しんせんちょうろくかんしょうき》』*には、長禄・寛正の飢饉で庶民が苦しんでいるにもかかわらず、義政は花の御所で日々遊興に明け暮れていたと記されているのです。少なくとも一国の支配を預かる最高権力者として、非難されても仕方がないところです。

後花園は義政の行動を憂慮し、漢詩をもって諫めたといわれています。その漢詩の内容は、次のようなものです。

残った民は、争って餓死者の間に生える蕨《わらび》を採った。諸所では、粗末な家を閉じ、竹の扉を閉ざしている。詩を作る気持ちが高まる春の二月。満城の紅緑は、誰のために咲き誇っているのであろうか。

後花園は民の苦しみを詩に詠み込み、義政を暗に非難しました。義政は後花園の漢詩を詠んで、自らの行動を慎んだといわれています。この話は、『天地根源図《てんちこんげんず》』にも記されています。『新撰長禄寛正記』も後世に成立した編纂物ですが、記事は比較的正確なものであり、後花園が義政を諫めたのは史実と考えてよいでしょう。若い頃から、父・貞成に帝王学を学んだ後花園にとって、義政の堕落ぶりは許しがたかったのです。

以上のように、後花園は時の将軍を諫めるほど、政治に積極的な姿勢を示しました。しかし、応仁《おうにん》・文明《ぶんめい》の乱の勃発とともに、天皇の窮乏は一気に進むことになるのです。その点は、後花園の後継者である後土御門天皇のところで詳述することにしましょう。

＊『新撰長禄寛正記』――長禄・寛正年間（一四五七〜六六）を中心にして、畠山氏の家督継承問題を主題とした軍記物語である。室町幕府の諸行事や諸大名の動向も詳しく記されている。

第二章◇四十三日間も葬儀ができなかった後土御門天皇

◇後花園、譲位する

称光《しょうこう》から後花園《ごはなぞの》への譲位の過程は、ある意味で異常事態であったといえます。しかし、後花園が天皇になってから、すべての手続きが円滑に進むことになりました。当時、天皇は早くに皇位を譲り、自らは上皇《じょうこう》となって院政《いんせい》を敷くことが自然な流れでした。その点は、院政が認められていない現代とは、大きく異なる点です。後花園も従前の例にしたがって、粛々と譲位を進めることになります。

嘉吉《かきつ》二年（一四四二）五月二十五日、後花園に待望の男子が誕生しました。のちの後土御門《ごつちみかど》天皇です。諱《いみな》を成仁《ふさひと》といいました。母は、嘉楽門院《からくもんいん》藤原信子《ふじわらのぶこ》（藤原孝長娘、大炊御門信宗《おおいのみかどのぶむね》養女）です。待望の男子誕生に、後花園は心を躍らせたことでしょう。順調に成長した後土御門は、文安《ぶんあん》四年（一四四七）十一月に着袴《ちゃっこ》の儀を執り行っています。着袴の儀とは、どのような儀式なのでしょうか。

着袴の儀とは、子（新宮）が五歳になると行われた儀式のことです。男子は滝の意匠をあしらった和服「落滝津《おとたぎつ》の御服《みふく》」の上に白絹の袴を着用し、女子は濃い赤紫色の小袖と同色の袴を着用します。まず新宮は天皇から贈られた袴を初めて着けると、東宮大夫《とうぐうだいぶ》が新宮の髪に鋏《はさみ》をあて、髪を切る所作を行います。この動作は、髪が豊かに生えることを祈願しています。さらに新宮は、鴨川（京都）の青い小石を二つ並べた碁盤に乗ります。そして、力強く石を踏みつけると、「えい」という大きな掛け声とともに、南に向かって飛び降りて一連の儀式が終わるのです。こうして、子供の健やかな成長を願ったのです。

後土御門は順調に成長し、後花園の後土御門に対する期待は、ますます大きく膨らみました。康正《こうしょう》元年（一四五五）九月、後土御門が十四才になると、後花園は大外記《だいげき》の中原康富《なかはらやすとみ》を侍読《じどく》として教育にあたらせています。後花園は後土御門に人徳を備えさせるために、学問を重視していたのです。学問を重視した点は、後花園の父である伏見宮貞成《ふしみのみやさだふさ》と非常によく似通っています。一種の英才教育といってもよいでしょう。では、侍読とは何のことなのでしょうか。

侍読とは、天皇・東宮に学問を教授する学者のことを意味します。中原康富は、外記局の一員として朝廷の実務に携わっており、有職故実《ゆうそくこじつ》や学問、そして和歌などにも秀でていました。また、康富の残した日記『康富記《やすとみき》』は、当時の政治史を研究するうえで重要な史料です。そうした学識の高さを買われて、康富は伏見宮家の子弟教育を依頼されたのです。父である後花園の学問好きの資質を受け継いだ後土御門は、のちに吉田兼倶《よしだかねとも》、一条兼良《いちじょうかねら》、清原宗賢《きよはらむねかた》といった当代一流の学者から、和漢の書の講義をたびたび受けていますが、この頃に学問の基礎が涵養《かんよう》されていたのでしょう。

帝王学を学んだ後土御門は、順調に皇位継承の道のりを歩んで行きます。以下、即位《そくい》に至るまでの順序を確認しておきましょう。

①長禄元年（一四五七）十二月十九日——立親王《りっしんのう》（十六才）
②長禄二年（一四五八）四月十七日——元服《げんぷく》（十七才）
③寛正五年（一四六四）七月十九日——践祚《せんそ》（二十三才）
④寛正六年（一四六五）十二月二十七日——即位（二十四才）

後花園の在位中に皇太子が決定し、さらに譲位できたことは大きな喜びであったことでしょう。立親王から即位に至る手順は極めて順調であり、全く問題はありません。後土御門の践祚に伴って、後花園は左大臣の足利義政《よしまさ》を院執事《いんのしつじ》として、仙洞御所《せんとうごしょ》で院政を行いました。義政を院執事としたのは、幕府の支援が有効であると考えたからでしょう。新天皇である後土御門も若々しく、最も力を発揮できる年齢でした。後土御門は父・後花園から帝王学を学んでおり、いよいよその力量が試されることになったのです。

このように後土御門は、父の期待を一身に受けて天皇位に就きました。しかし、応仁《おうにん》・文明《ぶんめい》の乱が勃発すると、無残にもその希望はずたずたに引き裂かれるのです。

◇応仁・文明の乱と後花園の死

応仁元年（一四六七）一月、ついに応仁・文明の乱が勃発しました。応仁・文明の乱の原因は、管領《かんれい》家の畠山《はたけやま》氏、斯波《しば》氏の内紛、将軍足利家の後継者問題、有力な守護家である細川《ほそかわ》氏・山名《やまな》氏の対立という、複雑な事情が絡み合ったものでした。開戦の発端は、畠山義就《よしなり》と畠山政長《まさなが》との上御霊《かみごりょう》神社での交戦でしたが、やがて京都一円に広がりを見せることになります。

同年五月になると、西軍・山名持豊《もちとよ》（宗全《そうぜん》）と東軍・細川勝元《かつもと》との間で、本格的な戦いが繰り広げられることになります。すでに拙著『戦国誕生』でも述べましたが、宗全は後南朝《ごなんちょう》の末裔《まつえい》を天皇として迎え入れる準備がありました。この計画は結局頓挫しますが、宗全が天皇の権威を欲していたことは、興味深い事実です。そして、戦いは京都から全国へと瞬く間に広がったのです。戦いはすぐに終わることなく、文明九年（一四七七）まで約十年間も続くことになります。この全国的な争乱は、天皇家をも厳しい現実にさらすことになりました。

後花園は、一連の激しい戦乱に大変心を痛めました。これまでにも幾多の戦乱を潜り抜けた後花園は、早速事態の収拾に動き出すことになります。伏見宮貞常《さだつね》親王と一条兼良を勅使として派遣し、東軍の細川勝元に停戦を要請したのです。ところが、もはや勝元も引き下がることができず、戦いを止めるという選択肢はありませんでした（『後法興院記《ごほうこういんき》』）。ここまでくると、宗全にも勝元にもメンツというものがあったのでしょう。これまで後花園は永享《えいきょう》・嘉吉《かきつ》の二度の大乱で、綸旨《りんじ》を武器に存在感を示しました。しかし、今回については、自らの無力さを強く悟ったことに違いありません。

応仁・文明の乱の進展とともに、都は兵乱によってたちまち火の海となりました。人々は甚大な被害を受け、逃げ回っていたのです。兵火は収まるどころか、一向に収まる気配が見えません。このような状況下の応仁元年（一四六七）十月二十日、後花園は突如として出家を決意します。ただ後花園は、決して兵乱の収束に向けた努力を怠りませんでした。この間も、畠山義就と斯波義廉《よしかど》の両陣営に勅使を派遣し、停戦を促すという努力を払っているのです（『後法興院記』）。しかし、こうした努力も結果的として無駄に終わり、争乱は長期化を避けられませんでした。

◇後花園の苦悩

後花園の深い苦悩は、想像に余りあるものがあります。その苦しい心境を吐露した書状が、『伏見宮御記録』の中に残っています。『伏見宮御記録』とは、伏見宮家に伝来した古記録・古文書を、明治初年に網羅的に書写したものです。後花園は自身の書状の中で「いよいよ人間の交わり、無益千万の事にて候ほどに、近日ふと捨世の本意をとげ候べき心中にて候」と記しています。「捨世の本意」とは、出家することを意味します。後花園の精神的な疲れが垣間見えます。

後花園が応仁・文明の乱を収めるために懸命となっていたことは、すでに述べたとおりですが、そのような努力も、もはや「無益千万」と痛感したのでしょう。浅ましい人間の姿にも落胆したに違いありません。厳しい現実の前で無力を悟り、出家という最終的な判断が、ふと頭をもたげてきたのです。いかに後花園が政治に敏感とはいえ、個人の努力ではどうにもならないことを悟った瞬間だったのです。

後花園は、三年後の文明二年（一四七〇）十二月二十七日、静かにこの世を去りました。そして、山国《やまぐに》（丹波国桑田郡）に、後花園の陵が設けられました。山国は近年になって京都市右京区に編入されましたが、市中から遠く離れた山深いところです。禁裏《きんり》領である山国荘《やまぐにのしょう》のある場所としても大変有名です。陵の近くには常照皇寺《じょうしょうこうじ》があり、光厳《こうごん》天皇の陵もあります。春には、天然記念物の「九重桜」が美しく咲き誇ることで知られています。後花園の陵にふさわしい場所ということができるでしょう。

こうして後花園は五十二年の生涯を終え、静かに眠るはずでした。しかし、死後も後花園をめぐって混乱が生じるのです。それは追号《ついごう》をめぐってでした。では、追号とは、いったい何を意味するのでしょうか。追号とは、主として帝王、貴人、僧侶の死後、生前の行いを尊んで贈る名前のことを意味します。追号は、関係のある地名や年号から取られることが多かったといわれています。

つまり、ここまで便宜的に後花園と記述してきましたが、実際の称号は死後に贈られているのです。翌文明三年一月二日、当初、後花園院には「後文徳院《ごもんとくいん》」と追号されました。しかし、この決定は見事なまでに覆ってしまうのです。翌月の二月十九日、当代随一の大学者である一条兼良は、漢風の諡号《しごう》（この場合は「文徳」）に「後」字を付け加えた追号はかつてない、との反対意見を提出しました。

諡号には、和風と漢風とがありました。この場合は、山陵の名を宛てているのです。それは、加後号《かごごう》といい、「後○○院」と称する場合、先代の二つの漢風諡号から一字ずつを採用し追号としたのです。それで、当初は「文徳」に「後」を付して、「後文徳」になったのです。追号を検討するのは、明経道《みょうぎょうどう》に通じた学者の仕事なので、決していい加減にはしていません。兼良は学問に優れた人物でもあり、この発言は大きな波紋を広げました。

兼良の意見もあり、再度追号をめぐっての議論が行われました。その結果、「後文徳」を改め、当初の案にあった「後花園」を追号にすることとなったのです（『親長卿記《ちかながきょうき》』）。亡くなった後花園の気持ちを知る由もありませんが、おそらく苦々しく思ったことでしょう。しかし、残された公家たちは、先例に従って粛々と仕事をこなすのみでした。このような激しい戦乱にもかかわらず、公家が追号に執着心を示すのは、いささか滑稽さを感じるところです。

◇戦乱と行幸の日々

応仁・文明の乱によって、都は灰燼《かいじん》に帰しました。都に住む公家の多くは、自身の所領がある地方へ下り、疎開生活を行ったのです。彼らは疎開先で自領を直接支配することによって、生活を支えたのでした。また、公家たちは下向先の大名らの求めに応じ、和歌や古典の書写をしたり、指導したりすることによって、庇護《ひご》を受けることもありました。しかし、いうまでもなく天皇の場合は、むやみに地方での滞在が許されません。したがって、都の中でたびたび住まいを転居することを強いられました。この場合、たとえどんなに近距離であっても、それは

「行幸《ぎょうこう》」と称されたのです。

改めて応仁・文明の乱の開戦時に話を戻してみましょう。応仁元年一月十八日、畠山義就《よしなり》と畠山政長《まさなが》が上御霊神社《かみごりょうじんじゃ》で交戦状態に入りました。一報を受けた後花園と後土御門は、難を避けるために急遽室町邸へ避難しようとします。避難の際に、いつもの輿ではなく乗物を利用しようとしたのですが、このことが問題となりました。つまり、乗物を使用することが、「稀代の例」であるとされたのです。やがて、先例が嘉吉の乱にあったことを確認すると、乗物を使って避難することができました（『後法興院記《ごほうこういんき》』）。普通は「逃げるのが先だ」と思うのですが、それでも先例に大きな制約を受けていたのです。

逃げただけでは、決して安心はできません。二人が避難した二日後の一月二十日、明け方頃には雪が十センチほど積もっていました。すると、室町邸の北方で火の手が上がったのです。戦火は時間を問わずに襲い掛かります。再び難を避けるため、後花園と後土御門は室町邸を慌しくあとにして、もとの御所へと戻りました（『後法興院記』）。火の手が迫る室町邸よりも、御所のほうが安全だったのでしょう。しかし、この日は何とか御所に戻ることができたのですが、以後、再び後花園と後土御門は室町邸での「仮住まい生活」を強いられることになります。

◇気にされた三種神器

応仁元年八月、室町邸における後花園と後土御門の滞在生活は長期化することになります。畠山義就・政長の戦いは相変わらず継続されており、停戦する様子は全くうかがえませんでした。そこで、二人は三種神器《さんしゅのじんぎ》（八咫鏡《やたのかがみ》、草薙剣《くさなぎのつるぎ》、八尺瓊勾玉《やさかにのまがたま》）を伴って、御所から再度室町邸に行幸せざるを得なかったのです（『公卿補任《くぎょうぶにん》』など）。三種神器は、周知のとおり天皇位の証といえます。

十二世紀末期の源平争乱時、平氏が都落ちする際には安徳《あんとく》天皇を連れ出すとともに、三種神器を携行することを決して忘れませんでした。また、南北朝に天皇家が分裂すると、三種神器をめぐって激しい争奪戦が展開されました（以上、拙著『奪われた「三種神器」』）。そもそも天皇が行幸する際には、必ず三種神器が携行されました。このときは後花園と後土御門ともに、長期の滞在を覚悟したことでしょう。

幕府側でも、三種神器の扱いに注意を払っていたはずです。なぜなら、嘉吉三年（一四四三）九月に禁闕《きんけつ》の変が勃発して、後南朝に神璽《しんじ》八尺瓊勾玉を奪われてしまい、その後、神璽を奪還するために多大な労力を払ったからです。さらに西軍の山名宗全は、後南朝の子孫を擁立しようとする動きを見せていました。万一、三種神器が後南朝に奪われると、皇位継承をめぐる問題が再燃しないとも限りません。著しく衰退したとはいえ、後南朝の勢力は侮ることができなかったのです。

また、応仁・文明の乱の勃発以降、三種神器は火災の危険にさらされていました。焼失は何としても避けなくてはなりません。応仁元年に後花園と後土御門が室町邸に移った際、三種神器が室町邸にあったとわざわざ記録されています（『大乗院日記目録《だいじょういんにっきもくろく》』）。その後も、後土御門らが居所を移動するたびごとに、三種神器の記事を確認することができます。三種神器の所在は、先述のとおり禁闕の変で神璽が奪われたこともあったので、明らかに注目の的だったのです。

◇滞った朝儀

戦いが続く間、どうしても滞ったのが朝儀《ちょうぎ》でした。朝儀とは言葉が示すとおり、多種多様な朝廷の儀式を意味します。

応仁・文明の乱が勃発した翌年の応仁二年（一四六八）一月一日、後花園と後土御門は本来行うべき儀式である「四方拝《しほうはい》」以下の諸行事を中止することにしました。いかなる理由があったのでしょうか。『後法興院記』応仁二年一月一日条などによると、禁裏には土岐成頼《ときしげより》が着陣しており、仙洞御所には畠山義就が陣を敷いていたと記されています。後花園と後土御門の二人は、到底御所へ戻れるような環境にありませんでした。つまり、朝儀は御所以外の場所で行うことはできなかったのです。

ところで、四方拝とはいかなる儀式だったのでしょうか。四方拝とは、毎年一月一日に行われる宮廷行事の一つです。この行事では、元日の寅の刻（午前四時頃）に天皇が束帯を着し、清涼殿《せいりょうでん》の東庭へ出御《しゅつぎょ》すると、属星、天地四方、父母の山陵を拝して天災を祓い、五穀豊穣《ごこくほうじょう》、宝祚長久《ほうそちょうきゅう》、天下泰平《てんかたいへい》を祈願するのです。公家や庶民らも四方拝にならって、元日の朝に四方を拝することにより、五穀豊穣、無事息災を祈ったのです。四方拝は戦前の皇室令にも規定されていましたが、同令が戦後に廃止されたのちも、皇室行事として現在も執り行われています。最も基本的な儀式といえるでしょう。

もちろん、元日に執り行われる行事は、これだけではありません。たとえば、毎年元日に催される節会《せちえ》は、天皇自身が主催して、公家も出席する重要な宴席の場でしたが、こちらも戦乱によって中止に追い込まれました。同時に朝廷財政が非常に厳しいという現状もあり、肝心の公家たちも先述のとおり疎開していました。このような状況では、諸行事の開催は、不可能といわざるを得ません。厳しい事態は、文明七年（一四七五）に室町邸行宮《あんぐう》で、四方拝が再開されるまで続くことになるのです。

諸行事が円滑に行えない状態は朝廷だけでなく、幕府も同様でした。文明三年一月一日、幕府は毎年恒例の「椀飯《おうばん》」という儀式を行うことができませんでした（『宗賢卿記《むねかたきょうき》』）。椀飯とは、年頭に臣下の者が将軍に祝膳を奉る儀式のことを意味します。これは武家にとって、非常に重要な儀式でしたが、いずれにしても幕府も朝廷も恒例行事が行えないほど疲弊し切っていたのです。

ただ、問題は儀式のみに止まりませんでした。朝廷では「叙位《じょい》・除目《じょもく》等沙汰に及ばざるものなり」という状況であったことがうかがえます。ちなみに「叙位」とは、「従五位下」以上の位階を授けることを意味し、「除目」とは官職に任官することを示しています。つまり、平たく言えば、人事が滞っていたということです。公家衆にとって、人事は関心の的でしたので、滞るということは士気の低下を招いたことでしょう。さまざまな儀式が滞ったことは、改元にも影響していたのです。

◇後土御門と改元

現代では「一世一元の制」が採用され、天皇一代につき年号を一つだけ用いることになっています。この制度は、明治元年（一八六八）九月八日の改元の詔《みことのり》で定められました。以後、大正、昭和、平成と続いています。なお、日本国憲法に基づき制定された「新皇室典範《しんこうしつてんぱん》」には、年号に関する規定が省かれています。そこで、昭和五十四年（一九七九）に元号法が新たに制定され、新天皇の践祚《せんそ》があったときに限り内閣が定めることになりました。

前近代については、一代の天皇のもとで改元がたびたび行われました。改元が行われる理由は、基本的に代始め（天皇の交代）などの契機に行われましたが、そのときの状況によってさまざまです。たとえば、天変地異、疾疫《しつえき》、兵乱などの厄災を避けるためにも、改元が行われたのです。特に戦乱の激しいこの時代は、「兵革」つまり戦乱を鎮めたいとの意味を込め、たびたび改元が行われました。応仁以降の元号の変遷――後土御門の代――には、次の理由で改元が行われました（下段は理由）。

①応仁（一四六七～一四六九）――兵革
②文明（一四六九～一四八七）――兵革・星変
③長享（一四八七～一四八九）――兵革・疾疫・火事
④延徳（一四八九～一四九二）――天変・疾病
⑤明応（一四九二～一五〇一）――疾疫・天変

後土御門が即位した時は、代始の改元によって「寛正《かんしょう》」から「文正《ぶんしょう》」へと年号が改められました。これは、ごく自然な改元です。しかし、右に掲出した改元理由を見ればわかるとおり、以後は「兵革」などあまり好ましいものではありませんでした。むろん、災厄があるために改元をするわけですが、それは当時の混乱した政情を反映しています。また、改元に際しては、円滑に手続きが進まなかった例も見られます。

ごく一般的に改元の手続きは、まず年号勘者《ねんごうかんじゃ》を定め、幾通りかの新年号案を各人から提出させます。次に、公卿の難陳《なんちん》（審議）を経て天皇が決定し、詔書をもって公布されました。しかし室町・戦国期には、年号の制定に際して、幕府との関係を無視することができませんでした。この点は、以下で触れていきます。参考までにいうと、江戸時代には幕府の事前承認が必要でした。次に、改元が円滑に進まなかった典型例として、「応仁」から「文明」へと改元される過程を確認しましょう。

応仁三年（一四六九）四月二十八日、兵革という理由に基づき、「文明」に年号が変わりました。二年前に勃発した応仁・文明の乱は終わる気配がなく、後土御門は止みそうもない兵乱を鎮めようと改元に踏み切ったのでした。ところが、文明への改元に際しては、多くの問題が発生しており、手続きは混乱を極めたのです。以下、改元の模様を記した『糟粕記《そうはくき》』などの史料を用いて、その混乱ぶりを確認しましょう。

◇文明への改元

文明への改元で支障をきたしたのは、人材の不足でした。先述のとおり、改元に際しては年号勘者を決めなくてなりません。応仁・文明の乱が勃発してから、多くの公家衆が自領のある地方に下向しており、議定がままならなかったのです。年号勘者がいなければ、改元の手続きを進めようがありません。そのような事情から、改元を扱った町広光《まちひろみつ》はすっかり困り果てていたのです。しかし、改元にかかわる先例を調べ尽くした広光には、ウルトラCともいうべき手段がありました。

広光が提案したのは、「杖議《じょうぎ》（内裏で公卿が政務について議すること）」を取り止めて、博士の連署《れんしょ》による勘文《かんもん》のみで改元を行うという方法でした。必要な人材が地方に下向していたため、それは止むを得ない措置でした。広光は、奈良時代の「天平宝字《てんぴょうほうじ》」に先例があることを調べ上げていたのです。「天平宝字」に改元する際には、博士の連署による勘文のみで改元手続きを行っていました。当時の公家は、先例に基づく正しい手続きを非常に重視していました。しかし、非常手段ともいえる先例を持ち出してまで簡素化を図ろうとしていることから、改元作業には相当な行き詰まりがあったものと考えられます。

しかし、当の後土御門は、広光の提案に対して半信半疑だったようです。後土御門は一条兼良に対して、「実際にそんなことが可能であるのか」と勅問しています。後土御門には、一抹の不安があったのでしょう。そうなると、当時ナンバーワンの学識で知られた兼良のような人物を頼らざるを得ません。大学者である兼良の回答は、極めて明解であったといえます。回答は、次のようなものでした。

この状況で杖議を行い難いことは理解できるが、公卿の審議を経ないと詔書を作成できない。詔書がなければ、改元できないではないか。

このように兼良は、あくまで正しい手続きにのっとって改元を行うべきであると指摘したのでした。つまり、いかなる状況であっても、正式な手続きを行うべきことを強く主張したのです。一見すると、臨機応変さに欠けるかもしれませんが、全うな考え方といえるでしょう。この兼良の正論とも言うべき主張は受け入れられ、年号勘者や改元伝奏《かいげんてんそう》が決定されたのです。略式の改元手続は、拒絶されたのでした。

ところが、別のところでも問題は起こったのです。その問題とは、皇居以外のところで政務を行うことに差し支えがないかということでした。当時、室町邸はあくまで仮住まいであって、政務を執る場所ではないと認識されていました。室町邸で改元作業を行うことに問題がないかが問題視されたのでした。この非常事態に大変驚くところですが、彼らはみな真剣だったのです。

このとき、すかさず官務家《かんむけ》の小槻長興《おづきながおき》は、貞治《じょうじ》元年（一三六二）の例を探し出して報告しています。あらかじめ先例を調べていたのでしょう。ところが、またもや一条兼良は次のように意見しているのです。

この混乱の最中にあって、皇居以外のところで政務を行うことは問題ない。それよりも官人が出仕しないことには話にならないではないか。

さすがに先例を挙げてあれこれいっている場合ではなく、目の前の現実を直視した、真っ当な意見といえます。むしろ、官人が出仕することなく、政務が滞っていることを問題視しているのです。実は、先例にこだわった例がもう一つありました。

戦乱により、天皇（後土御門）と上皇（後花園）が室町邸に同宿していたのですが、過去にこのような例があったかを質問しているのです。確かに平時においては、天皇と上皇の住まいは別々になっていました。戦乱の最中でもあり、止む得ないと思うのですが、彼らは気になって仕方がなかったのです。

残念ながら、小槻長興は先例を見出せなかったようですが、「特に問題がないのでは」と答えています。一方の舟橋宗賢《ふなばしむねかた》は、弘安《こうあん》六年（一二八三）の先例を見つけ出し、「問題ない」と答申しています。ある意味で、彼らの誠実さを感じ取ることができます。最終的な結論は、「先例があれば、問題ないであろう」ということに落ち着いたのですが、いささか滑稽さを感じるところです。

応仁から文明への改元過程では、後土御門が仮住まいしているという状態が災いして、多くの障害が生じました。それはすべて、先例に起因するものということができます。切迫した状況を考えてみると、緊張感を欠いている印象を受けてしまいます。しかし、朝廷の運営には、先例に基づいた正しい手続きが必要でした。それらを一つ一つ丁寧にクリアしていかなければ、前に進むことができなかったのです。これには、さすがの後土御門も辟易《へきえき》としたのではないでしょうか。

◇最初の辞意表明

問題は、内裏《だいり》の修造だけに止まりませんでした。応仁・文明の乱終結の見通しが立たない中で、ことあるごとに後土御門は「天皇を辞めたい」と口にするようになったのです。現在でも、天皇が「辞める」ということを安易に口にした例を聞いたことがありませんし、歴代天皇の中で、これだけ何度も辞意を表明した天皇は、後土御門を除いて聞いたことがありません。そのあたりの事情を確認することにしましょう。

『親長卿記《ちかながきょうき》』文明三年（一四七一）四月四日条によると、突如として後土御門は「御落髪《ごらくはつ》」、すなわち出家するとの意を表明したと記されています。詳細な理由は、残念ながらわかりません。ただいうまでもなく、この間の混乱した政治的状況が影響していることは、ほぼ間違いないと考えてよいでしょう。「天皇を辞めたい」という後土御門の意思表明は、公家社会に大きな衝撃を与えました。当時、まだ皇太子も決まっていなかったのですから、当然のことといえます。

当時の公家の日記には、「朝廷重事」「一天愁傷」「天魔所行」という言葉が記されています。少し大袈裟かもしれませんが、その言葉は驚天動地の彼らの心中を的確に表しています。仮に後土御門が天皇位を退いた場合は、早急に後継者を決定する必要が生じます。そうなると、皇太子が決定していないので、さらに大きな混乱が生じることになります。また、即位式などに多大な費用を要することも予測されました。むろん、驚倒したのは公家に限らず、幕府も同じであったといえます。

幕府は、すばやくこの問題に対処しました。二日後の四月六日、将軍・足利義政は伏見宮貞常《ふしみのみやさだつね》親王を介して、後土御門に天皇位に止まるよう説得したのです。貞常親王は伏見宮貞成《さだふさ》親王の第二皇子であり、後花園の弟だったのです。和歌・漢詩・書道などの諸芸能に秀でており、有能な人物として高い評価を得た人物でした。義政は後土御門に近い人物を説得にあたらせて、退位を翻すよう仕向けたのでした。貞常はわざわざ京都・大原から上洛し、後土御門の退位を何とか思い止まらせたのです。

ところで、後土御門が退位したいと申し出たことは、これ以前にも何度かあったことが確認できます。『経覚私要抄《きょうがくしようしょう》』文明三年二月二日条によると、前年の文明二年にも後土御門退位の風聞が流れたと記されています。不思議なことに、同時期の文明三年五月頃には、義政も「落髪（出家）」するとの噂が流れています（『経覚私要抄』）。偶然にも、公武のトップが出家遁世《とんせい》を望んでいるのです。後土御門のみならず、将軍・義政でさえも、打ち続く戦乱に嫌気が差したのかもしれません。

いったん退位問題は収まったかにみえましたが、再び蒸し返されることになりました。文明三年八月、後土御門は若宮（のちの後柏原《ごかしわばら》）に譲位したいとの意向を示しています（『大乗院寺社《だいじょういんじしゃ》雑事記《ぞうじき》』）。若宮は当時八歳でした。後土御門は、すでに出家の意思を強く固めていたようです。周囲の評価は大変厳しく、「比興事」つまり「みっともない」という表現で批判されています。出家の噂を聞きつけた公家たちは、「上下・東西南北ニ逐電」したといいます。この言葉もまた、かなり大袈裟ですが、彼らの驚きの心境を表現しているのです。

◇止まない退位の気持ち

公武を問わず、後土御門の退位に賛意を示す者はありませんでした。しかし、後土御門の心中では退位の思いが止まず、「天皇を辞めたいという」気持ちは、ついに頂点に達するのです。ただ残念なことに、後土御門の心中が直接本人の口から語られた史料はなく、以下の諸史料から垣間見ることになります。

文明六年七月二日夜、後土御門は突如として「政務事無益」と言葉を残し、改めて出家したいとの意を表明しました（『親長卿記』）。「政務事無益」の意味は、これ以上政治に打ち込んでも無意味であるということです。前回の出家騒動から約三年を経過していたのですが、この言葉は再び公武にわたって大きな影響を与えました。後土御門の出家したいという理由については、『大乗院寺社雑事記』に詳細が記されています。いかなる事情があったのか、もう少し詳しく見ることにしましょう。

二十日あまりを経過した文明六年七月二十三日、奈良の大乗院尋尊《じんそん》のもとにも後土御門が出家するという噂が伝わっています。その情報によると、後土御門は丹波国山国（京都市右京区）に引き籠もりたいと周囲に漏らしていたようなのです（『大乗院寺社雑事記』）。奈良まで伝わっているほどですから、都では大騒ぎになっていたかもしれません。先述のとおり、山国は皇室領でもあり、父である後花園の陵もありました。現地で経済的な裏付けを得つつ、父の菩提《ぼだい》を弔いながら余生を送ろうと考えたのかもしれません。

『大乗院寺社雑事記』八月十五日条には、後土御門が出家に及んだ理由が詳しく記されています。その理由とは、新将軍・足利義尚《よしひさ》の代理として、日野勝光《ひのかつみつ》（義政の妻富子の兄）が実質的に政務を行うことになったからなのです。勝光は、かつて父・後花園をサポートしたこともありましたが、応仁元年（一四六七）には日野家では前例のない内大臣に就任しました。「押大臣」と称された勝光は、専横を振るったのです。ちなみに「押」には、「思い通りに人を支配すること」の意味があります。

こうした人物が政権の中枢にいることは、後土御門にとって許し難いことだったのでしょう。方針が後土御門の考えと異なっていたため、勝光の登用はどうしても承引できなかったものと考えられます。後土御門は、かなり芯の強い人物でした。ただし、実際に後土御門は天皇位を退くことはありませんでした。周囲の強い引き止めもあって、天皇位に止まらざるを得なかったのでしょう。「天皇を辞めたい」といっても、そう簡単にできることではなかったのです。

◇朝儀の一時的な再開

応仁・文明の乱以後、打ち続く戦乱や改元問題なども相俟って、後土御門のフラストレーションは溜まる一方でした。また、先述のとおり仮住まいの生活が長期化したため、朝儀が行えないということも、大きな不満の一つでした。思い通りに行かない以上、天皇を辞めたいという気持ちは、理解できなくもありません。

朝儀が行えないという状況は、しばらくの間続くことになりますが、ようやく文明七年一月一日に再開を果たすことができました（『実隆公記《さねたかこうき》』など）。このとき四方拝は何とか行われたのですが、節会は行われませんでした。ただ県召除目《あがためしのじもく》（地方官を任命する行事）を行うため、節会は平座《へいざ》という天皇が出御《しゅつぎょ》しない形式で執り行われています。平座で元日節会が行われた先例はなかったのですが、やむを得ない措置だったのでしょう。それこそ、朝儀の一部であっても、再開されることが優先されたのです。

しかし、関白・二条政嗣《にじょうまさつぐ》らの重臣が、京都・鞍馬《くらま》での疎開生活を強いられるなど、未だ万全の体制ではありませんでした。また、地方に荘園を持つ中級クラスの公家たちも、多くが直務《じきむ》と称して地方にありました。

以後、朝儀は四方拝が行われるが、節会が代わりに中止になってしまうなど、完全な状態で行われることが難しくなっていました。この間、後土御門は父・後花園のように政治に関与することはありませんでしたが、学問に取り組んで来るべき日に備えました。『新千載和歌集《しんせんざいわかしゅう》』の校合《こうごう》や『源氏物語』の校訂、歌集や古典の書写や講読に力を入れているのは、その一端といえます。一見すると政治から離れたような印象を受けますが、実は朝儀の復興に大きな情熱を注ぎ、その準備を着々と進めていたのでした。

◇全焼した室町邸

文明八年(一四七六)十一月十三日、とうとう危惧していたことが現実のものとなりました。室町邸の周辺で放火があり、火の手は程なく周囲に広がったのです。そして、室町邸もついに全焼の憂き目に遭いました。火災が起こると、後土御門と足利義政・義尚父子は難を避けるため、近くの小川御所に移動しました。同月二十九日になると、後土御門は北小路殿《きたのこうじどの》に行幸し、仮皇居に定めました。そして、三種神器を奉安《ほうあん》したことが確認できます(『長興宿禰記《ながおきすくねき》』)。各地を転々とするとは、まさしくこのことでしょう。

ところが、後土御門は安住の地を得ることができませんでした。文明十一年七月、北小路行宮《あんぐう》の北側から火の手が上がり、再び移動せざるを得なくなったのです。都市部は住宅が密集しており、一度火の手が上がると、次々と延焼しました。このときは、管領の畠山政長らが応援に駆けつけ、荷物を運び出すなど、難を逃れました。後土御門の命の次に大事な三種神器も、無事が確認されています。次に後土御門が向かったのは、足利義政と近しい関係にある日野政《ひのまさ》資《すけ》の邸宅でした。

この火事は、当時の記録に「内裏炎上稀代事也」とあるように、これまでにない規模の大火災だったのです。結局、北小路行宮は、全焼してしまいました。後土御門は、大変落胆したことでしょう。後述するとおり、後土御門が再び「天皇を辞めたい」と口にするようになるのは、この一件とも関係があったと考えられます。それほど居所が定まらないことは、精神的に大きなダメージを与えたのです。天皇はまるで流浪の民のように、都の中を転々とすることを強いられました。

このように各地を転々とすることは、後土御門に生活上の不便をもたらしたことが明らかです。しかし、それ以上の苦痛があったのも事実です。たとえば、朝廷のさまざまな行事や業務をこなせないことは、後土御門にとって不本意なことでした。それゆえに、朝儀復興にかける意気込みは、並々ならぬものがありました。もはや意地といってもよいかもしれません。この点は、後述することにしましょう。

◇内裏の修築

文明九年（一四七七）九月、紆余曲折がありましたが、ようやく応仁・文明の乱は終結しました。文明五年には、東西両陣営を率いた細川勝元と山名宗全が亡くなったのですが、それぞれに属した諸大名は利害関係もあって、なかなか和睦《わぼく》には応じなかったのです。たとえば、応仁・文明の乱を契機に、山名氏から播磨・備前・美作の三ヵ国の奪還に成功した赤松政則《あかまつまさのり》は、三ヵ国が山名氏に返還されるのではないかと恐れて和睦に反対していました。そのため、意外にずるずると戦乱の終結が、周囲の期待に反して先延ばしにされたのです。いずれにしても、応仁・文明の乱が残した爪痕は、誠に大きなものがありました。

天皇の居所である内裏《だいり》は、辛うじて全焼を免れました。さすがに内裏に火を掛けようとする者はおらず、延焼も免れました。ただ、戦乱による内裏の荒廃は著しく、修繕を要する箇所がたくさんあったのは事実です。ところが、修繕に要する費用については、全く当てがなかったというのが現実でした。全国各地の禁裏領からの年貢は少なからず収納されましたが、内裏の修繕費用までは賄いきれなかったのでしょう。このとき手を差し伸べてくれたのが、ほかならない幕府だったのです。

文明九年十一月十二日、足利義政は諸大名に内裏の警護を命じるとともに、物品の調査を行いました。その間、人々の内裏への出入りを禁止しています。調査を行った理由は、不足している物品を把握することにありました。ただ、公家の困窮は激しく、出仕がままならなかった様子がうかがえます。くまなく内裏を調査した義政は、物品の目録を作成しました。こうした手順を踏まえて、いよいよ内裏修繕の準備に取り掛かるのです。幕府の積極的な姿勢をうかがうことができます。

その八日後の十一月二十日、後土御門は義政に対し、京都平定を祝して剣を与えています(『兼顕卿記《かねあききょうき》』など)。このときには公武を問わず、多くの人々が参賀に訪れました。ところが、一人だけ異なった対応をする人物がいました。興福寺の僧侶で、大乗院の門跡である尋尊《じんそん》は「参賀する理由がない」とのことで上洛しませんでした(『大乗院寺社雑事記』)。尋尊によると、近年幕府の命令に応じる国は少なくなり、応じるのはわずかに畿内周辺に限られていました。このような現実を見る限り、手放しで喜んではいられなかったのです。

朝廷も内裏を修繕するため、自助努力がなされました。翌文明十年一月、朝廷は内裏の修繕費用を賄うため、京都の七口に新しく関所を設けたのです(『大乗院寺社雑事記』)。京都の七口とは、それぞれ鳥羽《とば》口、東寺《とうじ》口、竹田《たけだ》口、伏見《ふしみ》口、粟田《あわた》口、北白川《きたしらかわ》口、大原《おおはら》口、鞍馬《くらま》口、長坂《ながさか》口を示します。ただ、当初は洛外から洛中への入口を漠然と示したものでした。関所を通行する人から通行税を徴収し、毎月千疋を朝廷に献上しようとしたのです。千疋は十貫に換算され、現在の貨幣価値にすると約百万円ということになります。
こうした事実を見る限り、内裏修繕のための費用が不足していたことは明らかです。その不足を補うため、幕府と朝廷は積極的に動くことになるのです。

◇棟別銭の賦課

文明十一年三月になると、いよいよ幕府も積極的に動き始めました。幕府は洛中洛外に棟別《むねべつ》銭《せん》*を課し、内裏の修繕費用に充てることを決定しました（『晴富宿禰記《はるとみすくねき》』）。このとき小野荘のような天皇家の御料所は、先例がないために除外されるなど、配慮がなされました。小野荘は現在の京都市山科区に所在した、皇室領の一つとして知られています。しかし、対象から除外されるまでには、いろいろと面倒な手続きが行われたのです。その後も免除をめぐって、議論は続いたようです。

洛中洛外とも、棟別銭は百三十文（約一万三千円）が課されました（『大乗院寺社雑事記』）。また、越前国を実質的に治めていた朝倉孝景《たかかげ》は、千貫を寄進しています。千貫といえば約一億円ですから、朝倉氏の富裕ぶりがうかがえるところです。朝倉氏は管領の家柄である斯波《しば》氏に代わって、越前国を治めるようになった新興大名です。そのような事情もあって、積極的に応じたのでしょう。こうして集まった修繕の費用は、文明十一年四月の段階で一万千貫余り（約十一億円）に上ったといいます（『長興宿禰記』）。わずか一ヵ月余りの間に、幕府は膨大な修繕費を集めることに成功したのです。

＊棟別銭――家屋（棟）単位に課せられた税のこと。鎌倉時代から朝廷が寺社や禁裏の造営のために国を特定して課しており、戦国時代には大名が課す恒常的な税にもなった。

◇清涼殿・紫宸殿の完成

文明十一年四月二十六日、作事奉行などを定め、内裏の修繕が開始されました（『長興宿禰記』）。この間、春興殿《しゅんこうでん》を修繕するか、新築するかの議論も行われました。なぜなら、応仁・文明の乱の最中に兵卒が参集したため、不浄《ふじょう》になっていると考えられたからです。不浄とは、死者による「穢《けが》れ」と考えてよいでしょう。当時の人々は、「穢れ」を忌み嫌っていたので、修繕よりも新築を検討したのです。

春興殿は平安京内裏十七殿の一つで、紫宸殿《ししんでん》の南東、日華門《にっかもん》の南にあり、西の安福殿《あんぷくでん》と大庭を隔てる場所に位置していました。神鏡《しんきょう》を置き、内侍所《ないしどころ》（賢所《かしこどころ》）にもなったので、重要視されたと考えられます。ここは、一条兼良の判断によって、修繕ということになりました。限られた費用の中での決断でした。

最も修繕を急いだのは清涼殿《せいりょうでん》でした。清涼殿は平安京内裏の主要殿舎の一つで、清冷殿（「せいろうでん」とも読む）、西涼殿、路寝、中殿、本殿ともいいました。天皇の日常の御座所《おましどころ》があり、四方拝《しほうはい》、小朝拝《こちょうはい》、叙位《じょい》、除目《じもく》などの公事《くじ》を行った場所でもありました。つまり、最も中核的な建物といえるでしょう。後土御門の十一月には還幸《かんこう》したいとの要望もあって、修繕は急ピッチで進められました。そのような事情もあって、清涼殿と紫宸殿は閏九月には修繕が完了しました。しかし、門などは未だ完成には至っていなかったようです。

修繕に用いられる材木は、丹波国山国荘から続々と運ばれてきました。山国荘は丹波国桑田郡に所在しており、現在の京都市右京区山国・黒田地方を中心とし、滋賀県境の京都市左京区広河原に至る広範な地域に及んでいます。中世は、皇室領として知られていました。その主要な特産品が材木だったのです。山国荘は近くに所在することから、比較的実効支配ができていました。

◇後土御門の還幸

比較的順調に修繕は進んだのですが、費用面での心配は尽きませんでした。皇室領の小野郷の郷民が棟別銭の免除を求めたことは先述しましたが、ほかにも類例があったのです。確認しておきましょう。

文明十一年七月十一日、駕輿丁《かよちょう》から内裏造営の棟別銭を免除して欲しいとの要望がありました(『長興宿禰記』)。駕輿丁とは奈良時代以降朝廷に属し、主として天皇の行幸の際に鳳輦《ほうれん》(後述)や輿を担いだ下級の職員のことを意味します。彼らは駕輿丁座という特権を守る組織を作り、諸役免除を求めることがありました。駕輿丁の要望は認められることになりましたが、修理職《しゅりしき》が彼らの材木を押収するなど、一悶着があったようです。このように協力的ではない組織もあったのですが、粘り強く交渉をしました。

それだけではありません。先に触れたとおり現在の貨幣価値に換算して、約十一億円の資金が集まったのですが、まだ不足していたらしく、公家たちにも負担が求められました(『十輪院《じゅうりんいん》内府記《ないふき》』)。この頃の公家の窮乏ぶりは著しかったので、新たな負担は堪えたことでしょう。

このように応仁・文明の乱終了後、内裏は急ピッチで修繕が進められました。その甲斐もあって、文明十一年十二月七日には後土御門の還幸が成ったのです(『東山文庫記録』など)。同日、後土御門は、日野政資邸から内裏に向かいました。政資はお祝いに酒撰を献じています。しかしながら、実際には犬が禁中で死に、その穢れによって還幸が延期されるなど、必ずしも順調にはいかなかったのです(『後法興院記』)。また、先述した駕輿丁による訴訟(棟別銭免除の要求)

も、遅れた要因の一つでした。

還幸に際しては、鳳輦の修理も行われました。鳳輦とは鸞輿《らんよ》ともいい、天皇が即位、大嘗会《だいじょうえ》、朝覲《ちょうきん》などの晴《はれ》の行幸に使用された乗物でした。形状が屋形の頂に金色の鳳の形を据えているところから、鳳輦と命名されたのです。また、還幸の日取りも、適当に決めたわけではありません。あらかじめ陰陽頭《おんようのかみ》の土御門有宗《つちみかどありむね》（安倍有宗）に相談のうえ、決定しているのです。こうして後土御門は万端の準備を整えて、還幸を執り行ったのでした。それは、まさに後土御門の悲願でした。

◇後土御門、綸旨を発給する

応仁・文明の乱は、文明九年（一四七七）九月以降から収束に向かうのですが、完全に終焉を迎えたわけではありませんでした。紀伊や河内などに勢力基盤を持ち、応仁・文明の乱の主役でもあった、畠山義就と畠山政長は相変わらず戦いを継続していました。二人は、家督をめぐって激しく争っていたのです。義就は畠山持国《もちくに》の子息でしたが、政長は持国の弟・持富《もちとみ》の子息でした。当初、持国に子がなかったので、政長は養子に迎えられ、後継者に予定されていました。しかし、持国と妾《めかけ》の間に義就が誕生すると、家督争いが起こったのです。

文明九年九月、義就は河内に下向すると一気に占領し、その勢力は大和国にも及びました。義就の軍事行動の結果、大和の守護職を拝領していた政長は、全く名目的なものになってしまったのです。形勢不利に傾いた政長は、このまま義就の行動を見過ごすことができませんでした。しかし、政長に有効な手立てがなかったのも事実です。そのような状況下で、政長は起死回生の方法を用いることになるのです。それは、足利義政に泣きついて、義就を牽制することでした。

政長の要請を受けた義政は、後土御門に対して綸旨《りんじ》を発給して欲しいと願ったのです（『御湯《おゆ》殿上日記《どののうえのにっき》』）。政長は広橋兼顕《ひろはしかねあき》を通じて、綸旨発給の尽力を依頼しています（『兼顕卿記』）。これまで述べてきたとおり、綸旨の発給は朝敵《ちょうてき》に限られてきました。しかしながら、今回は畠山家内部の問題にもかかわらず、綸旨発給の可能性が出てきたわけです。その結果、綸旨の発給が決定し、伊勢国司《こくし》の北畠政郷《きたばたけまささと》以下、東大寺《とうだいじ》、興福寺《こうふくじ》、粉河寺《こかわでら》、高野山《こうやさん》の衆徒《しゅうと》などに対して、政長と合力して義就を討つよう命じた綸旨が発給されたのです（『高野山文書』）。極めて違例のことといえるでしょう。

このとき、義政によって御内書《ごないしょ》も下されたのですが、政長が綸旨を請うたことは注目すべきことです。なぜなら御内書だけでは効力がないとの判断をしているからです。綸旨の発給を実際に朝廷へ申請しているのは幕府ですが、猛烈にアプローチしているのは政長です。その後、政長は綸旨を下賜されたお礼を朝廷に行っています。具体的な御礼の内容は記されていませんが、それなりの金品が授受されたことは、想像に難くありません。後土御門の存在意義が、少なからず認められたといってもよいのではないでしょうか。

◇再燃する譲位問題

ところで、こうした事態と前後して再燃したのが、後土御門の譲位問題でした。たび重なる禁裏料所《きんりりょうしょ》の侵食や、そこから生じるさまざまな不都合によって、再び後土御門は辞意を表明するのです。そのあたりの事情を探ってみましょう。

応仁・文明の乱が終結した翌年、後土御門は譲位の意向を示しました（『親長卿記』）。文明十年三月二十八日、後土御門は譲位したいと、甘露寺親長《かんろじちかなが》に対して伝えたのです。その理由とは、やはり経済的な問題でした。後土御門は、妹である真乗寺宮《しんじょうじのみや》が景愛寺《けいあいじ》住職として入寺する際、その費用を準備しようとしました。景愛寺とは京都市上京区にあった臨済宗の尼寺で、京都尼五山の首位の寺でした。しかし当時は、禁裏料所と呼ばれる皇室領が武士によって侵食されており、朝廷では費用の工面ができなかったのです。後土御門のメンツは丸潰れでした。

後土御門は悩んだ末に、足利義政の妻富子から援助を受けようと考えました。富子は経済的に豊かだったからです。富子は関所を設置して課税し、また米の投機的売買や高利貸活動などによって富を築きました。そして、その富を背景にして専横を極め、「天下の料足（貨幣）はみな富子のもとに集まる」と称されるほどだったのです。

しかし、義政と富子との関係は険悪であり、経済的な援助を受けることには困難が予測されました。後土御門の譲位問題は、皇室財政の厳しい状況が問題の核心にあり、財政難に喘ぐことによって、朝儀や諸儀式はもとよりさまざまな面で支障が生じたのです。結果として、富子の援助は得られませんでした。

結局、後土御門は費用を工面できない事態を深く憂慮し、譲位を決断したのです。後土御門の心中では、妹に満足なことができずに悩み苦しんだのでしょう。しかし、これまでと同じく、譲位が安易に許されるはずがありません。後土御門は親長や義政の強い説得によって、譲位を撤回することになったのです。よく考えてみると、譲位を行ったうえに即位式を挙行すれば、多大な経費を要します。いずれにしても、多大な出費は免れることはできません。問題は、先送りされたといってもよいでしょう。

文明十年十月にも、同様の事件が起こっています（『親長卿記』）。先述のとおり、各地に所在する禁裏料所は武士に侵食されていたのですが、そうした違乱行為を止めさせるように、後土御門は幕府にたびたび依頼していました。ところが、幕府の動きには鈍いものがありました。

怒り心頭に達した後土御門は、ついに他所への行幸《ぎょうこう》を試みたのです。義政は行幸の話を聞いても、特に驚かなかったといわれています。後土御門がたびたび出家や譲位をほのめかしては撤回するので、「またか」という思いがあったのかもしれません。

ところが、後土御門は本気でした。義政は後土御門の怒りが尋常でないことを知ると、大変驚いたといわれています。そこで、義政は広橋兼顕《ひろはしかねあき》らに命じて、禁裏料所とその未進分のリストを作成させ、そのリストをもとにして武士の違乱を退けるように対処しました。こうした対応によって、後土御門の怒りも鎮まったようです。大乗院尋尊は一連の出来事に対して「武家の成敗毎事正体無し」と非難しています。すでに幕府の命令にはあまり期待ができなかったからです。

文明十一年、後土御門は再度譲位の意向を示しています。七月、後土御門は譲位の意思を示すと、皇子勝仁《かつひと》（のちの後柏原天皇）と三種神器を室町邸に移らせようとしています（『晴富宿祢記』など）。ここまでくると、強硬手段としかいいようがありません。すでに何度もあったこととはいえ、これには周囲も慌てふためいたことでしょう。こうしたことは前例がないうえに、とても無理なことでしたので、義政は後土御門を思い止まらせるしかありませんでした。

後土御門の譲位と室町邸へ移ろうとした背景には、行在所《あんざいしょ》であった北小路邸が焼失したことにありました。焼失後、さらに聖寿寺《しょうじゅじ》、日野政資《ひのまさすけ》邸へと移ったのですが、肝心の内裏がいつまでたっても完成しなかったので、後土御門は精神的に追い詰められていたのでしょう。この一件については、先例を楯にして義政が譲位を諫止《かんし》したため、結局沙汰止みとなりました。こうなると翻意させるのも命懸けです。そして先述のとおり、このあとに内裏は無事に修造され、後土御門は還幸することになります。

このように後土御門の譲位・出家問題は、ことあるごとに蒸し返されては沈静化するということが繰り返されました。それでも、後土御門の退位が受け入れられることは、全くありませんでした。この点は天皇の存在意義と深く関わるところですが、幕府側が積極的に翻意を促しているところを見ると、幕府側にも退位してもらっては困るという事情があったように思います。天皇の交代は、財政問題も含めて容易ならざる側面があったからです。その点は、第五章で改めて考えることにしましょう。

◇与えられなかった官位

ところで、次章以降で詳しく触れますが、天皇は武家官位の授与にも深く関わっていました。ここでは、今谷明氏の取り上げた、大内政弘《おおうちまさひろ》を例にして考えてみましょう。

大内政弘は周防・長門の守護でしたが、応仁・文明の乱の終了時には、さらに筑前・豊後の守護職を与えられました。大内氏は、中国西部から九州北部に基盤を持つ有力な大名です。また、朝廷から左京大夫《さきょうのだいぶ》の官途も与えられています（以上『長興宿禰記』など）。政弘は西軍に属していましたが、乱後は着実に版図《はんと》を広げたのです。その後、政弘が運動したのは、亡父・教弘《のりひろ》の贈位《ぞうい》でした。贈位とは故人の生前の功績を称え、死後に位階を贈呈することです。

政弘が頼りにしていたのは、一条兼良でした。すでに文明八年（一四七六）七月、兼良は政弘の要請により、『源氏物語愚見抄《げんじものがたりぐけんしょう》』を書写し、与えています。このほか政弘は、兼良から『花《か》鳥口伝抄《ちょうくでんしょう》』や『花鳥余情《かちょうよじょう》』（以上『源氏物語』の注釈書）を贈られています。二年後の文明十年、政弘は兼良に三千疋（約三百万円）を贈っています（『大乗院寺社雑事記』）。贈った目的は記されていませんが、少なくとも二人が懇意にしていたことは、事実とみなしてよいでしょう。また、のちに大内氏領国の山口は「小京都」と称されますが、この頃からその下地を見出すことができます。

政弘が教弘の贈位を打診したのは、文明十一年（一四七九）六月のことです（以下『晴富宿禰記』による）。大内教弘とは、いかなる人物なのでしょうか。嘉吉《かきつ》の乱で大内持世《もちよ》が横死すると、教弘は大内氏の家督を継承しました。以後、周防など四ヵ国の守護を務め、日明貿易《にちみんぼうえき》に携わるなど、大内氏の発展に寄与した人物です。政弘が兼良のルートをたどったのは、これまでの文芸を通じた交流を生かそうとしたのでしょう。政弘は使者として僧侶の文蔵主を派遣して、粘り強く交渉を進めます。

文明十一年九月、兼良は教弘の贈三位について執奏《しっそう》しますが、天皇から直接勅許を出すことはないので、幕府を通じて申請するように（武家執奏）、と回答しました。当時は、それがルールでした。そこで、政弘は足利義政の妻・日野富子を通じて、義政から執奏してもらおうと考えました。しかし、義政の回答は、「武家で三位になったものはいない」という先例により、拒否するものでした。むろん、この場合の武家とは、足利将軍を除いてのことです。結局、教弘への贈三位は実現しませんでした。

しかし、この話には後日譚があります。実は文明十八年（一四七六）六月、教弘の贈三位が実現しているのです（『後法興院記』『蔭凉軒日録』）。その十万疋は、政弘が義政に対して、十万疋（約一億円）といわれる賄賂を贈ったからでした（『蔭凉軒日録』など）。それは、政弘の被官人十名がそれぞれ一万疋ずつを用立てたものです。十万疋は、逆修《ぎゃくしゅ》（生きているうちに、あらかじめ死後の冥福を祈って仏事を行うこと）の費用に充てられたのです。このとき政弘の執奏を取り次いだ近衛政家《このえまさいえ》への謝礼は、二千疋（約二百万円）と太刀だけでした。朝廷に至っては、わずか三百疋（約三十万円）に過ぎません。

のちに官途授与は、朝廷の大口の収入になるのですが、この段階では微々たるものでした。これには、武家官位の執奏権が幕府にあり、朝廷が直接タッチできなかったことと大いに関係があります。しかし、贈位が金銭によって左右されたことに大きな意味があるといえるでしょう。

◇断固たる態度を示す

応仁・文明の乱以降、公家たちは続々と地方に所在する家領《けりょう》に下向し、直接支配を志向するようになりました。このことは、朝廷における勤めを放棄することを意味しています。そして、それはそのまま朝廷の機能低下につながりました。このような事情もあり、中には後土御門によって、断固たる態度が示された例もあったのです。

文明十八年（一四八六）七月、蔵人頭《くろうどのとう》を務める園基富《そのもととみ》が無断で加賀国に下向するという事件が起こりました（『長興宿禰記』）。残念ながら、加賀国内の具体的な所領名はわかっていません。園家は、羽林家《うりんけ》に属する中級クラスの公家でした。ところが、基富はなかなか加賀から上洛して勤めを果たしません。それゆえ、ついに後土御門の逆鱗に触れるところとなったのです。当時、基富は蔵人頭という重要な職にあり、朝廷における要に位置していたからです。

同年七月二十九日、基富は将軍・足利義尚の拝賀に際して、扈従《こしょう》を用意することになっていましたが、勅勘《ちょっかん》を蒙っていたために叶いませんでした（『親長卿記』）。それどころか、後土御門の怒りは収まることなく、足利義政の愁訴《しゅうそ》にもかかわらず、ついに基富の蔵人頭の職を解いたのです（『後法興院記』）。代わりに蔵人頭に任じられたのは、日野政資《まさすけ》でした（『職事補任』）。ここからは後土御門の強い決意を読み取ることができます。このように断固たる態度を取らなければ軽く見られてしまうほど、天皇の権威が落ちていたのかもしれません。

ちなみに基富が許されたのは、父である基有《もとあり》が危篤に陥った、長享元年（一四八七）六月十日のことでした（『親長卿記』）。さすがに、父の死に際しては後土御門も許さざるを得なかったのでしょう。しかし、基富が許されるまで、約一年という長い期間を要しています。これは、後土御門の怒りが相当大きなものであったことを物語っています。こうした一連の事実からは、後土御門の政治に対する厳しい態度や、父祖から受け継いだ精神をそのまま実行に移している姿を感じとることができるでしょう。

◇後土御門と学問

不遇な後土御門を支えたのは学問であり、また朝儀再興への熱い思いでした。朝儀再興のために、学問に打ち込んだともいえるでしょう。

文明十二年（一四八〇）十月三日、後土御門は一条兼良から『江家次第《ごうけしだい》』の講義を受けています。『江家次第』とは、平安後期の貴族・大江匡房《おおえのまさふさ》の手になるもので、恒例・臨時の朝儀などを解説した有職故実の書として知られています。長らく朝儀が行われていなかったと述べましたが、『江家次第』は朝儀再興に当たっての根本テキストといえるでしょう。いわば勉強会を催して、知識の習得に努めたのでした。

講師である一条兼良は、これまでもたびたび登場しましたが、室町時代を代表する偉大な学者の一人です。兼良には、『江次第抄《ごうしだいしょう》』（『江家次第』の注釈書）を執筆した実績がありました。ほかにも、朝儀全般を論じた『公事根源《くじこんげん》』という書物も著しています。講義の担当者として、これ以上ふさわしい人物はいません。さらに、後土御門は『江家次第』を書写させるなど、朝儀再興に執念を燃やしていました。「来るべき日に備える」とは、まさしくこのことでしょう。

まず後土御門は、応仁年間以来長らく催されなかった節会を復活させようと考えました。そこで、文明十四年一月十四日、廷臣たちに節会の温習《おんしゅう》を命じています。温習とは、繰り返し練習させることを意味します。『長興宿禰記《ながおきすくねき》』には、温習を行う意義について、次のように記されています。

天下の一乱（応仁・文明の乱）以来、最近では節会が催されておらず、人々が行う役もすっかり絶えているので、習礼を行い、儀式を残すよう勅定が下されたのです。

応仁・文明の乱以降、三節会（元日、白馬《あおうま》、踏歌《とうか》）が中断されており、人々はその役すら忘れつつありました。そこで、後土御門の意向により、儀式が途絶えないように習礼（練習）をさせているのです。朝儀再興にかける、後土御門の執念が伝わってきます。その後、節会を催す件については、何度も話し合いが行われました。しかし、節会が実際に催されたのは、延徳二年（一四九〇）正月のことでした。応仁・文明の乱で中絶してから、実に二十二年もの年月が経過していたのです（『御湯殿上日記』など）。

長い中絶の影響もあり、このときは三条西実隆《さんじょうにしさねたか》が二条持通《にじょうもちみち》に節会の作法を伝授しなくてはなりませんでした。持通は五摂家《ごせっけ》の出身であり、かつては関白を務めたほどの人物です。しかし、七十五歳という相当な高齢になっており、戦乱を避けて都から離れて長らく生活をしていました。実隆によると、不審な点が装束にあるなどの問題が指摘されており、節会から遠ざかっていたための混乱が生じていたようです。事実、苦しい生活を送っていた公家にとって、朝儀に構っている余裕はなかったのかもしれません。

後土御門は現実の政治の前において、何らなす術《すべ》がありませんでした。父あるいは祖父の教えを守ることが、唯一の支えであったのかもしれません。その教えの一つが学問であり、朝儀を遂行することだったのでしょう。それは、天皇家の維持とその証明であったように思います。

滞りなく朝廷儀式を遂行し、天皇家の伝統を継続することが、「戦国的天皇」の大きな役割ではなかったのでしょうか。後土御門はそうした点で、天皇家の役割をよく理解していたように感じるのです。

◇後土御門の祈り

何も後土御門は、学問や朝儀再興だけに執心していたわけではありません。疾疫流行など世の中の乱れがあった際には、祈禱などを命じています。

長享二年（一四八八）に疾疫が流行すると、後土御門は嵯峨《さが》、後光厳《ごこうごん》、後花園《ごはなぞの》の書写した般若《はんにゃ》心経《しんぎょう》を召し寄せて礼拝を行っています。さらに四大寺《しだいじ》（東大寺・興福寺・延暦寺・園城寺《おんじょうじ》）に祈禱を命じ、同時に吉田兼倶《よしだかねとも》（京都・吉田神社の神官）に疫神《えきじん》を祭らせています（『御湯殿上日記』など）。当時は現代のように、医学が発達していませんでした。したがって、病気が流行すると、神仏にすがるしかなかったのです。

明応《めいおう》元年（一四八九）になると、再び各地に疾病が流行しました。このため寛正《かんしょう》の大飢饉のときのように、各地で死者が続出したといわれています。悪夢が再現されたのです。明応に改元した際には、京都の大覚寺《だいかくじ》で般若心経を取り寄せ、主上以下が頂礼《ちょうらい》*を行うなどしています（『親長卿記』など)。同時に上賀茂神社、下鴨神社の両社の神主に対して祈禱を命じ、さらに各地に官宣旨《かんせんじ》を下して般若心経を読誦させ、国家の安全を祈願しているのです。

その後も後土御門は、天下騒乱が鎮まることなどを四大寺に祈願させるなど、決して現実社会に無関心であったわけではありません。祈願や祈禱という手段に限られてはいたのですが、世の中が安穏であることを願っているのです。

＊頂礼——仏教における礼法の一つ。天竺九儀といわれる礼法のうち、最高の敬意を表したものである。仏や尊者の前にひれ伏し、頭を相手の足につけて拝む。

◇文明から長享への改元問題

平和や世の中の安穏を願った後土御門ですが、現実の政治では厳しい対応を迫られました。文明《ぶんめい》から長享《ちょうきょう》への改元が、大きな試練になったのです。

文明十九年(一四八七)七月二十日、新年号が「長享」に決定されました(『後法興院記』ほか)。今度の改元理由は、「兵革・疾役・火事」というものでした。戦乱に伴って町は焼かれ、不衛生な環境から病が流行したのです。庶民は苦しい生活を強いられました。改元には、そうした災いから抜け出したいとの強い願いが込められていました。「長享」改元時は、「文明」制定のときとは異なって、手続きは円滑に進みましたが、今回もまた、予測さえしなかった事態に見舞われるのです。

翌日の二十一日に新年号「長享」について、将軍の側近である二階堂政行《にかいどうまさゆき》は、次のように述べています（『蔭凉軒日録』）。

「長享」という新年号は、内裏（朝廷）で用いていますが、武家（幕府）では管領が手続きをすれば用いるようにします。したがって、管領が出仕するまでは、旧年号である「文明」を用います。

せっかく「長享」という新年号が定まったのですが、管領による手続きがない限り、新しい年号は使用しないというのです。これはいったい、何を意味するのでしょうか。ちなみに『大乗院寺社雑事記』文明十九年七月三十日条にも、同じようなことが記されています。

新年号「長享」は武家に披露されていないので、京都では未だに旧年号「文明」が使われています。今日到着した奉書や綸旨にも「文明」が使われています。これは、誠に稀有なことです。

二つの史料に共通していることは、朝廷で改元が行われたものの、武家では改元が承認されていないので用いることができないということです。それゆえに武家方では、旧年号である「文明」を使い続けなくてはならないという事態に陥っていました。この点に関しては、詳しい説明が必要でしょう。

いうまでもなく、改元手続は朝廷で行われ、詔書の発布によって最終的に決定されるようになっています。しかし、実際には幕府のほうで「改元吉書《かいげんきっしょ》」が行われることによって、正式に用いられるようになるのです。改元吉書を行うには、管領が関与しなくてはなりませんでした。それゆえに管領の出仕のことが問題となったのです。吉書とは、吉日良辰《きちじつりょうしん》を選んで奏聞する儀礼文書のことです。平安・鎌倉・室町時代の公家・武家では、改元、年始、譲位、代替など事が改まった時に奏聞《そうもん》していたのです。

たとえば、「文正《ぶんしょう》」から「応仁《おうにん》」に改元された際は、応仁元年三月五日に朝廷で決定されていました。その翌日には、武家側で早速「改元吉書」が行われ、正式に採用されました（『斎藤親《さいとうちか》基日記《もとにっき》』）。しかし、今回のような事態は、何も朝廷だけに責任があったわけではありません。実は改元の際、管領が不在という不測の状況もあって、幕府は「改元吉書」を催すことができなかったのです。率直にいってしまえば、朝廷と幕府との間での調整が不十分だったことになります。

速やかに「長享」という新年号が用いられないという事態は、やはり尋常とはいえないでしょう。幕府は事態を収拾するため、細川政元《まさもと》を管領に補任し、吉書始《きっしょはじめ》を行うことにしました（『蜷川家文書《にながわけもんじょ》』）。この時点で八月九日になっており、すでに二十日余りも経過していたのです。この間、旧年号の「文明」が使用され続け、不可思議な状況になっていました。こうして吉書始は、何とか無事に終えることができたのです。

しかし、吉書始の終了後、ただちに政元は管領職を辞しています（『長興宿禰記』）。これもまた非常に驚倒すべきことでしたが、この頃の管領は儀式のときのみに就任し、すぐさま辞任する例がほかにも見られます。応仁・文明の乱以降、管領の存在意義も失われつつあり、空席の期間が見られるようになりました。いずれにしても、幕府の吉書始が行われるまで、幕府の奉行《ぶぎょう》人奉書《にんほうしょ》で使用される年号は新しい「長享元年」ではなく、古い「文明十九年」のままになっていたのです（『十輪院内府記』）。

改元を行うことができたのは、朝廷のみであったのは事実です。朝廷が「時間の支配者」であり、唯一その権限を持つことは、これまで権威の源泉として見られてきました。当然ながら、武家で勝手に決めるわけにはいきません。しかし、これまで見てきたとおり、改元に際しては武家側の「改元吉書」という手続きが必要でした。そうなると、改元は朝廷の専売特許であるとはいい難いかもしれません。こうした点から、朝廷にも一定の限界を見出すことができるのです。

◇長享から延徳への改元問題

もう一つ、改元の問題を取り上げておきます。文明から長享に改元する際、武家側の「改元吉書」という「壁」が存在したことを述べました。しかし、次に長享から延徳《えんとく》に改元するときには、朝廷側では予測もできないような事態が発生しているのです。そのあたりの事情を確認しておきましょう。

舞台となるのは、長享から延徳への改元作業です。長享三年（一四八九）八月二十一日、天変・疫病という理由によって、長享から延徳へと改元が行われました。しかし、この改元も決してスムーズに手続きが進んだわけではありません。これは毎回のことですが、年号勘者《ねんごうかんじゃ》によって、多くの元号の候補が挙げられ、選定に際しては多くの疑義が提示されているのです。その概要を示すと、次のようになるでしょう（『後法興院記』）。

①安永――「安」字は安和・安元・安貞で使用されているので不可。
②建正――「建」字は建武以来使用しないことになっている。「正」字も康正以来三回も使用されているので不可。
③延徳――「延」字は延文三年（一三五八）に足利尊氏が亡くなっているので、武家方から賛同が得られないので不可。

このような具合に、この三候補に関しては、さまざまな意見が付されているのです。反対理由を一覧しても、何となく首を傾げざるを得ないようなものもあります。実際に採用された「延徳」についても、当初は武家方から賛同を得られないということで、あまり前向きではなかったのです。最終的には後土御門の判断もあって、新年号は「延徳」に決定したのですが、新年号決定に至るまでには、ほかにも多くの困難が待ち受けていたのです。

◇引き受け手のいない改元奉行

実は、改元の作業を行う時点で、すでに問題が発生していました。それは、実務を担当する改元奉行・年号勘者を誰に引き受けてもらうか、という問題です。

当初、改元奉行に関しては、いったん正親町三条実望《おおぎまちさんじょうさねもち》に決定しました（『親長卿記別記』）。改元奉行とは、改元作業全般を取り仕切る重要な職務です。しかし、あとになって実望は、「未練」であることを理由に、改元奉行を辞退したのです。この場合の「未練」とは、「熟達していない」という意味になります。実望は熟慮したうえで、きちんと行えるのか、多くの不安を感じたのでしょう。

実望に断られたことにより、改元伝奏《てんそう》である甘露寺親長《かんろじちかなが》は、やむなく後任に中御門宣秀《なかみかどのぶひで》を推そうと考えました。ところが意外なことに、宣秀もまた「未練」という理由により、改元奉行を辞退するのです。立て続けに二人から断られたことにより、親長は頭を抱えることになりました。

改元奉行が決定しないことには、必然的に改元作業が遅延することになります。これは極めて深刻な事態です。後土御門に事の次第の報告を終えた親長は、改元奉行を広橋守光《ひろはしもりみつ》に担当してもらおうと考えました。むろん、有利な条件を準備していました。親長は依頼に際して、守光に扶持を加えることを条件に、何とか引き受けてもらおうと考えたのです。ところが、守光も体調がよくないという理由によって、辞退を申し出てきたのです。親長は必死に守光を口説き落とし、何とか了承まで漕ぎ着けました。

◇決まらない年号勘者

実は、年号勘者についても、改元奉行と同様に引き受け手がいないという、深刻な事態が起こっていました（『親長卿記別記』）。

たとえば、柳原資綱《やなぎはらすけつな》・量光《かずみつ》父子は、因幡《いなば》国法美《ほうみ》郡桃谷（鳥取市）に所領を保持していました。しかし、遠隔地にある荘園の宿命で、因幡国の守護である山名《やまな》氏から侵略を受けるところとなったのです。そのような事情から、父子は文明六年（一四七八）以降、交代で因幡国での在国と上洛とを繰り返しました。直務《じきむ》、つまり直接自領を現地支配していたのです。同時にそれは、朝廷への出仕を一部放棄することを意味しました。一部というのは、父子が交代で上洛しているので、少しは出仕をしていたということです。今回の改元に際して、親長は年号勘者が不足しているという理由から、父資綱を通して強く量光に上洛を促しました。

資綱・量光父子は、経済的に厳しい状況にあったため、やむなく因幡国に在国していました。要請を受けた量光はなかなかしたたかであり、上洛に際していくつかの交換条件を提示したのです。その条件とは、一つは昇進させること、もう一つは武家に命じて、近江国にある柳原家領を回復させることでした。量光は両方の条件を飲んでもらえれば、ただちに上洛して勘文《かんもん》に応じると回答しているのです。いずれも困難な問題でしたが、まずは昇進が承認され、量光は年号勘者を担当することになったのです。

問題は、柳原資綱・量光父子だけに止まりませんでした。年号勘者として期待されていた人物に、唐橋在治《からはしありはる》がいます。しかし、在治は老齢という理由により、年号勘者を辞退してきたのです。このことも予想外の出来事でした。つまり、この頃の朝廷は、戦乱によって必要な人材に事欠いていたのです。柳原資綱・量光父子に限らず、経済的理由で地方に在国する例はほかにも見られました。慢性的な人材不足には、後土御門も心を痛めていたことでしょう。

◇改元費用をめぐる問題

改元奉行・年号勘者と等しく大問題になったのが、改元費用の件です。通常、改元は朝廷にその主導権があるのですが、実体としては幕府からの執奏《しっそう》によって行われるようになっていたことに注意しなくてはなりません。つまり、朝廷の一方的な考えで押し進めるのではなく、幕府側の意向も配慮しなくてはならなかったのです。

長享三年六月八日、顔を真っ青にした勧修寺《かじゅうじ》教秀《のりひで》が親長のもとを訪れています(『親長卿記別記』)。その理由は、いかなるところにあったのでしょうか。今回の改元は、当然幕府との調整がなされていました。しかし、改元費用は朝廷側で負担するように、と幕府側からいわれたのです。改元費用は、約二千疋（約二百万円）が見込まれていました。再び、朝廷では頭を抱えることになります。朝廷側では、費用分担に関しても幕府側の援助を強く期待していたのでした。

このような難題を抱えながら、今度は改元の日をいつにするのか話し合いが行われています（『親長卿記別記』）。親長は改元する日程について、陰陽頭《おんようのかみ》の土御門有宗《つちみかどありむね》に直接尋ねています。こうした日取りに関しては、陰陽師に委ねられることが多かったのです。有宗は、八月十九日か二十一日がよいであろうと答えています。有宗の回答に基づいて、親長は風記《ほのき》を後土御門に奏聞しました。風記とは、儀式などの諸事を行うに先立って決行の日時を占って上申する文書を意味します。そして、八月二十一日に改元を行うことが、将軍・義政にも伝えられたのです。

ところが改元の日取りに関して、早速横槍が入りました。二条持通は日取りについて、次のように述べています。

吉凶のこともも相交じるところであるが、近年八月に改元が行われたことはない。九月まで引き延ばしてはどうか。

持通は職務柄、先例に基づいての意見を述べたのでした。八月に改元が行われた例がないので、九月はどうかというのも、現在のわれわれでは少々理解しづらいところです。今でしたら、

「余計なことを言ってくれた」ということになるのでしょう。しかし、この時点ですでに義政に対しては、改元の日取りは八月二十一日で、と伝えられていましたので、もはや変更の余地はなかったのです。これまで見てきたとおり、改元には多くの不測の事態が起こりました。親長の困惑している様子が目に浮かぶようです。

◇ごね出した柳原量光

「一難去って、また一難」の言葉どおり、再び別の問題が再燃しました。ほぼ同じ頃、今度は先に触れた柳原量光がごね出したのです（『親長卿記別記』）。量光がごね出した理由とは何だったのでしょうか。

先述のとおり、すでに量光の昇進は決定していました。しかし、量光はそれだけに飽き足らず、授けられる位記《いき》について、三条西実隆の位記と同じ日付にして欲しいと要望してきたのです。要するに、時間を過去にさかのぼった形にして欲しいということです。ちなみに位記とは、位を授けられた者に与えられる文書を意味します。量光がそういう要望を出したのは、実隆に対するライバル心にありました。実隆と同日付の位記でなければ、年号勘者を引き受けないと言い出したのです。

朝廷への出仕を放擲《ほうてき》して地方に下る者が多かったことは、すでに触れたとおりですが、現実には朝廷内部でも、地方に下る者に対して不満を持つ者が多くいました。ましてや地方に滞在して朝廷業務をサボっているのに、昇進することは許し難いことだったに違いありません。特に、今回の量光のような「ごね得」は、全く許せなかったことでしょう。しかし、量光の無茶ともいえる条件を受け入れなければ、年号勘者を引き受けてもらえなくなってしまいます。朝廷も悩ましかったと想像されます。

量光の要望を受けて、過去にさかのぼった日付で位記を発行したことがあるのか、先例を確認することになりましたが、結局、量光の要求は受け入れられませんでした。おそらく、過去にさかのぼった日付で位記を発行した先例がなかったのでしょう。要求を退けられた量光は、年号勘者を辞退することになりました。朝廷としても、無理な要求を受け入れることは秩序の崩壊を招くことになります。そうなると、公家たちの不満は大きくなるばかりです。朝廷にとっても、苦渋の決断でした。

◇宙ぶらりんになった改元

長享から延徳への改元には、以上のように数多くのドラマがありました。しかし、改元後にもまだ問題は続くのです。それは、またもや「改元吉書」にまつわることでした。

幕府では八月二十一日に改元が実施されると、改元吉書が行われることになっていました。しかし、肝心の義政は中風《ちゅうふう》がかなり悪化しており、筆も持てないような状態でした（『蔭凉軒日録』）。中風とは、脳卒中発作のあとで表れる半身不随の状態を示す病状です。やむなく改元吉書は取り止めとなり、十月まで延期することになりました。すでに触れましたが、改元吉書が行われなければ、武家側では新年号が用いられません。このままの状態では、「延徳」年号が使われることはなく、朝廷はすっかり困り果ててしまったのです。

当然、このような予想さえしなかった事態に伴い、実に珍妙な現象が起こることになります。たとえば、公帖《こうじょう》（禅宗寺院の辞令書）には、旧年号の「長享」と新年号の「延徳」とどちらを用いるべきか問題が生じていたのです（『蔭凉軒日録』）。実際のところ、公家では新年号である「延徳」を用いていたのですが、武家では改元吉書が行われなければ新しい年号を使用しません。その点、武家は律儀だったのかもしれません。旧年号と新年号が同時に使用されるという、実に不可思議な現象が起こっていたのです。

しかし、幕府もここに来て、決断しなくてはなりませんでした。武家では改元吉書が行われていませんでしたが、公家と同じく新年号「延徳」を用いればよいとの見解に達したのです。そして、公帖にも「延徳」を用いることを決定したのでした。義政の病状では、いつまでも改元吉書が行われる見込みがありませんでしたので、これ以上待つことはできないと判断したものと考えられます。いつまでも形式にこだわっていては、何も前に進むことはありません。賢明な判断といえるでしょう。

改元は国家の重大イベントであり、後土御門にとっても晴れがましい舞台であったはずです。しかし、これまで述べてきたように、朝廷側の問題や武家側の問題も相俟って、改元作業は円滑に進みませんでした。形式の問題もさることながら、人員不足などの問題も露呈することになりました。後土御門にとっては、忸怩《じくじ》たる思いがあったはずです。現実の政治への無力さを噛みしめたことでしょう。

◇六角討伐への対応

後土御門は、ある意味では不遇であったかもしれませんが、綸旨を発給して存在感を示すこともありました。

近江国守護である六角高頼《ろっかくたかより》は、かねてから国内の公家領、寺社領、奉公衆領を収公しようと目論んでいました。六角氏は近江国佐々木源氏の流れを汲む名族で、鎌倉期以来、同国の守護を務めた名門です。その六角氏が長享元年（一四八七）には、将軍・足利義尚《よしひさ》の率いる軍勢によって、討伐されかけたのでした。しかし、その二年後には義尚が鈎《まがり》（勾・滋賀県栗東市）の陣中で歿したので、高頼は許されて近江国守護に復帰することができました。六角氏にとっては、不幸中の幸いといえるでしょう。

しかし、その後も高頼は公家領などへの押領《おうりょう》を止めることがありませんでした。そこで、延徳三年（一四九一）、義尚の跡を継いだ足利義材《よしき》は、再度の六角氏討伐を決意します。義材は討伐を有利に進めるため、後土御門に綸旨の発給を請いました（『宣秀記』など）。幕府も応仁・文明の乱を境にして、著しくその権威が低下していましたので、後土御門の綸旨に頼ったのもうなずけます。ある意味で高頼は、朝敵の名に値するのかもしれませんが、いささか局地戦に過ぎなかった印象は拭えないところです。

綸旨と同時に、錦御旗《にしきのみはた》が下賜されたことも興味深いところです（『実隆公記』）。錦御旗を下賜するために、わざわざ寸法を確認させています。錦御旗とは、赤地の錦に日月を金銀で刺繡したもので、鎌倉時代以後は朝敵を征討する際に、官軍の旗印として用いられました。錦旗《きんき》とも称されます。綸旨と錦御旗を得た幕府軍は、意気揚々と近江国へと兵を進めました。結果的に、高頼は伊勢国に逃亡し、近江国守護には新たに六角虎千代《とらちよ》が任命されました。綸旨などの効果があったのかもしれません。

このように幕府の権威が低下するとともに、かえって朝廷の権威が頼られたといえるかもしれません。明応《めいおう》の政変*以降、幕府の直属軍である奉公衆《ほうこうしゅう》は解体されたと指摘されています。事実上、将軍家も二流に分かれ、権力の弱体化が大いに進みました。こうした一連の出来事から、幕府の権威の失墜が始まっていったのです。幕府弱体化の一方で、後土御門は父・後花園と同様に、綸旨あるいは錦御旗を武器にして、政治の舞台で少なからず存在感を示したといえるでしょう。

*明応の政変――細川政元による、明応二年（一四九三）に勃発したクーデター。政元は足利義材を廃し、新たに足利清晃《せいこう》（のちの義澄《よしずみ》）を新将軍に擁立した。この事件により、将軍権力は二分化され、軍事基盤である奉公衆も解体した。

◎後土御門天皇の最期

皇室財政の窮乏化、廷臣たちの地方下向、こうした事態が朝廷権威を蝕んでいったことはこれまで述べてきたとおりです。後土御門にとっても、とてもつらい日々であったと想像されます。天皇を取り巻く環境は、日を追うごとに深刻さを増し、天皇の身の回りのことにも影響が及んでいました。

いかに後土御門とはいえ、加齢に伴って体調が悪くなるのは、当然のことといえます。明応年間に入ると、病に襲われることもたびたびであったと記録に見えます。『実隆公記』などには、「腫物《はれもの》」と記録されています。特に明応九年（一五〇〇）一月以降は、寺社で病気平癒の祈禱が行われるなど、病が次第に重くなっていた様子もうかがえますが、具体的な病名まではわかっていません。九月二十六日になると、後土御門は清涼殿《せいりょうでん》北側の黒戸御所《くろどのごしょ》に移されました（『後法興院記』）。

後土御門は、その二日後の九月二十八日に亡くなりました。医師の竹田法印《たけだほういん》父子が治療にあったことが記録に見えますが、残念ながら治癒には至りませんでした。『後法興院記』の記主である近衛政家《このえまさいえ》は、次のような感想を漏らしています。

この度、譲位することもなく崩御《ほうぎょ》なさったことは前例がなく、極めて珍しいことである。

天皇は早い段階で皇太子に天皇位を譲り、自らは上皇つまり「治天《ちてん》の君《きみ》」となるのが普通でした。後土御門の父である後花園も先述のとおり譲位し、上皇＝治天の君になっていました。すでに触れたとおり、後土御門は何度も譲位を希望していたのですが、希望が叶うことはありませんでした。新天皇の即位には、莫大な費用がかかります。譲位を行うには、財政面も決して無視できない問題だったのです。自らの思いが叶わなかった後土御門は、無念であったに違いありません。

後土御門が譲位できなかった件は、『和長卿記《かずながきょうき》』の記主である東坊城和長《ひがしぼうじょうかずなが》も触れています。和長は、譲位できなかった理由は「武家無道の政務」にあるとし、さらに次のような理由を書き記しています。

国々からの税が思うように集まらず、準備できなかったため譲位できなかった。

文明十二年（一四八〇）、後土御門の親王（後柏原）は親王宣下を受けていましたが、経費的な問題があったため、譲位には至りませんでした。右にも記されているとおり、その根本理由は財政的なものにあったのです。

◇放置された遺骸

明応九年十月四日、後土御門の御入棺の儀が執り行われました（『和長卿記』）。十月二十一日には、「後土御門」の追号《ついごう》を賜っています（『後法興院記』）。「後土御門」のほかには、「後陽成《ごようぜい》」の案もあったと記されていますが、これは問題なく決定したようです。しかし、その後の措置は決して円滑に進みませんでした。後土御門の遺骸は泉涌寺《せんにゅうじ》に移されたのですが、葬儀が一向に行われる様子がなかったのです。葬儀が行われたのは、亡くなってから四十三日も経過した十一月十一日のことでした。

この間の事情について、十七世紀に成立した史書『続本朝通鑑《ぞくほんちょうつがん》』では、後土御門の遺体の損傷が激しかった様子を書き残しています。しかし、奥野高廣氏は長享三年（一四八九）に足利義尚が近江国の鈎で亡くなった際、目・鼻・口に水銀を入れて防腐処理を行っていた例を挙げ、当然しかるべき措置が行われたと推測しています。奥野氏の指摘を待つまでもなく、遺体をそのまま放置したとは考えにくいでしょう。水銀による防腐処理のほか、あらゆる手段を用いて腐敗を遅らせるよう努力したはずです。

このような経過を経て、ようやく死後四十三日目に後土御門の葬儀が執り行われました。近衛政家は、葬儀当日に次のように述べています（『後法興院記』）。

今日に至って、後土御門が崩御してから四十三日も経過している。こんなに葬儀が遅れた例は未だない。

やはり、これだけの葬儀の遅延は、異例中の異例であったのです。その理由は実に明白なことで、どうしても後土御門の葬儀の費用が工面できないからでした（『和長卿記』）。もはや朝廷の財力では、葬儀費用も調達できなかったのです。十一月八日、武家方から一万疋（約一千万円）などが支給され、ようやく最小限の費用で執り行われる見通しが立ったのでした。

このように、後土御門の生涯は、たび重なる戦乱と慢性的な皇室財政の不足によって、決して満足のいくものではありませんでした。こうした事態は、そのまま後継者である後柏原へと引き継がれることになるのです。

第三章◇二十一年間も即位できなかった後柏原天皇

◇後柏原のこと

後柏原は、後土御門の第一皇子（諱《いみな》は勝仁《かつひと》）で、母は庭田長賢《にわたながかた》の女朝子《あさこ》です。誕生したのは、寛正《かんしょう》五年（一四六四）十月二十日のことでした。文明《ぶんめい》十二年（一四八〇）十二月十三日、後柏原は親王宣下《しんのうせんげ》を受け、父・後土御門の後継者に決定しています（『東山御文庫記録《ひがしやまごぶんこきろく》』など）。このとき後柏原は、十七歳という若さでした。若々しい後継者の誕生は、周囲から大きな期待をかけられたことでしょう。ところで、「勝仁」という諱を考えたのは、当時、関白を務めていた近衛政《このえまさ》家《いえ》です（『後法興院記《ごほうこういんき》』）。

しかし、「勝仁」の諱が決定するまでには、紆余曲折がありました（以下『親長卿記《ちかながきょうき》』）。「勝仁」の名を勘文《かんもん》に付したところ、ちょっとした「ケチ」がついたのです。それはどういうことかというと、「勝仁」の音読み「勝仁（しょうじん）」が「小人（しょうじん）」につながるので、よくないという意見が出たのです。「小人」には、「子供」や「小さい人」の意味がありますが、「徳のない品性の卑しい人」「度量が狭く器量のない人」という意味もあります。これでは「まずい」と周囲は考えたのでしょう。

勅問を受けた一条兼良《いちじょうかねら》は、「勝仁が小人につながる」ことを否定し、ようやく定まりました。そのため親王宣下が遅延する事態も起こっています。十二月十三日に親王宣下を受けて、二十日に元服という段取りになったのです。ところが、ここで諸経費が不足する事態が発生し、足利義政《よしまさ》の妻・日野富子《ひのとみこ》から二千疋を借用しています（『大乗院寺社雑事記《だいじょういんじしゃざつじき》』）。二千疋は現在の貨幣価値に換算すると、約二百万円です。返済は、禁裏領である備前《びぜん》国鳥取荘《とりのしょう》の年貢を宛てることにしました。

元服の際には、少なくとも三万疋（約三千万円）の費用が見込まれていました。そのため足利義政に元服の加冠役《かかんやく》を依頼し、費用の一部を負担してもらったのです。同時に禁裏領からの年貢未進分の回収にも力を入れています。しかし、元服の場所は義政の邸宅である小川御所で執り行われ、装束なども直衣《のうし》が新調されたのみでした。これらは一言でいうならば、「節約」ということになるのでしょう。この頃から財政的な問題によって、儀式の進行にさまざまな支障が生じていたのです。

◇後柏原、後継者となる

後土御門の亡くなった直後、践祚《せんそ》が執り行われ、後柏原が後継者に定まりました。後土御門が亡くなったのは、明応《めいおう》九年（一五〇〇）九月二十八日でしたが、践祚が行われたのは約一ヵ月後の十月二十五日のことで、相当な期間を要しています。『後法興院記』では、後土御門が譲位をせずに亡くなったことを「珍事」と記していますが、同時に費用不足で即座に践祚が行えなかったことを嘆いています。やはり、在位中に譲位は行うべきで、践祚も速やかに行われるべきものだったのです。

践祚奉行を務めたのは、広橋守光《ひろはしもりみつ》でした。その間、践祚に向けて一条冬良《ふゆら》（兼良の子息）が関白に再任されるなど、慌しい動きがありました。明応九年十月三日、守光は来る十九日に践祚を執り行いたいとの御教書《みぎょうしょ》を発しました（『守光公記《もりみつこうき》』）。しかし、約一ヵ月の間にわたって天皇が不在ということもあり、書式の整っていない違例の形式で文面が整えられています。当初予定していた十九日は費用不足で延期となり、二十五日に決定しました。このとき後柏原は三十七歳になっていました。

ここでは、後柏原の即位式が未だに行われていないことに注意すべきでしょう。では、践祚と即位は、何が違うのでしょうか。

そもそも践祚とは、皇嗣《こうし》が天皇位を継承することを意味し、先帝による譲位と崩御《ほうぎょ》の両方を含み、古くは即位と同じ意味だったのですが、桓武《かんむ》天皇以後、天下に皇位継承を告知するため、即位の礼が分離したのです。そして、践祚は皇位の象徴たる神器《じんき》の伝授を核とした、いわゆる「譲国《じょうこく》の儀」となり、即位は皇位の継承を諸神・皇祖に告げ、天下万民に宣する儀式を指すものとなりました。したがって、践祚を行うのみでは「画竜点睛《がりょうてんせい》を欠く」という状態だといえるでしょう。

践祚が行われれば、一応は皇位を継承したことになるのですが、即位式が行われないことには収まりがつきません。後柏原にとっても、それが大きなフラストレーションであったはずです。以後、後柏原の生涯の大半は、いかにして即位式を挙行すべきかに費やされることになるのです。

◇足りない即位費用

即位の実現は後柏原の悲願であり、以下に述べるとおり、後柏原の執念といってもよいものでした。

践祚した翌年二月、年号の「明応」は改められ、「文亀《ぶんき》」と改元します。この年が辛酉《しんゆう》革命にあたる、という理由からでした。辛酉革命とは干支が辛酉の年に大変革が起こるという思想で、もとは中国で生まれた讖緯説《しんいせつ》*に基づいています。六十年に一度の辛酉の年は、天命が革《あらた》まって王朝が交替する危険な運にあたる年のため、その難を避けるため改元する習慣が起こったのです。革命改元は延喜《えんぎ》元年（九〇一）を初めての例とし、一時中断したことはあるものの、文久《ぶんきゅう》元年（一八六一）の幕末まで行われています。

文亀元年三月、朝廷では幕府に命じて、即位式を行う費用を用意させようとしました（『実隆《さねたか》公記《こうき》』）。その額がいくら必要であったかというと、五十万疋（約五億円）と記されています。相当な額であったことがわかります。この命令は、女房奉書《にょうぼうほうしょ》によって将軍の足利義澄《よしずみ》と政所執事《まんどころしつじ》の伊勢貞陸《いせさだみち》に伝えられています。しかし、『実隆公記』によると、この時点で献じられたのは但馬《たじま》国からの三千疋（約三百万円）だけでした。三条西実隆《さんじょうにしさねたか》が「乏少比興《ぼうしょうひきょう》」と記しているとおり、極めて小額です。まさに「スズメの涙」でした。

幕府が諸国に課したのは、国役《くにやく》と呼ばれるものでした（『元長卿記《もとながきょうき》』）。国役とは、平安後期から南北朝期にかけて、朝廷および国衙《こくが》が各国内に賦課した恒例・臨時の課役《かやく》のことを意味します。室町期以降、国役は幕府が守護《しゅご》あるいは守護を介して各国に課した課役、および守護がみずからの用途のため国内に課した課役へと変化を遂げました。つまり、幕府は各国守護に命じて、即位式の費用を国役という形で賄おうとしたのです。しかし、『元長卿記』に国役が「有名無実」と記されているとおり、徴収の困難が予測されました。

幕府が各国守護に大奉幣米段銭《だいほうへいまいたんせん》と即位要脚段銭《そくいようきゃくたんせん》の徴収を命じたことは、『雑々日記』に即位惣奉行の摂津政親《せっつまさちか》の奉書が残っています。文亀元年（一五〇一）閏六月・七月の段階においては、越前国朝倉氏《えちぜんあさくら》、美濃国土岐氏《みのとき》、河内国畠山氏《かわちはたけやま》、伯耆《ほうき》・因幡国山名氏《いなばやまな》、播磨国赤松氏《はりまあかまつ》に命じられていることが確認できます。また、幕府を支えていた細川政元《ほそかわまさもと》の領国である摂津・丹波《たんば》にも段銭徴収が命じられています。史料の残存度の問題もありますが、おおむね畿内およびその周辺に対象が限られていることがわかります。

しかし、問題は費用だけに止まりませんでした。応仁《おうにん》・文明《ぶんめい》の乱以降、即位式を行うための人材も払底し、同じく太政官庁も焼失しており、再建が困難な状態に陥っていたのです。そこで、紫宸殿《ししんでん》で即位式を執り行おうと考えるわけですが、その費用に事欠いていたのはこれまで述べたとおりです（『和長卿記』）。しかも、即位式には多くの準備が必要であり、先例を参照しなければなりませんでした。人的にも、物的にも、時間的にも多大な不足があったのです。

文亀元年（一五〇一）の年末に至って、幕府が各国守護に命じた国役は一向に収められる気配がなく、先述の但馬のほかに丹後《たんご》、越後《えちご》、越前から送られるに止まりました（『雑々日記』）。各国の守護が幕府の命令に従わないことについて、すでに大乗院尋尊《だいじょういんじんそん》が嘆いていましたが、改まる様子は全くなかったのです。こうした慢性的な財政難によって。念願の即位式は断念せざるを得なくなりました。

＊讖緯説――陰陽五行説、日月五星の運行などによって、未来を占う術のこと。年号を改める場合などの根拠となっていました。

◎細川政元の暴言

後柏原が即位式を念願する一方で、政治的な状況は全く予断を許しませんでした。その大きな転機となったのが、明応《めいおう》二年（一四九三）に勃発した明応の政変でした。明応の政変とは、細川政元が足利義澄を十一代将軍に擁立し、十代将軍の義材《よしき》を廃立《はいりゅう》したクーデターのことです。このクーデターののち、将軍権力は奉公衆《ほうこうしゅう》などの軍事的基盤が崩壊し、同時に幕府公権が二分化したこともあり、著しく弱体化するところとなりました。細川政元は管領《かんれい》に就任し、幕政の主導権を掌握します。近年では、戦国時代の始期をこの事件に求める説が有力になっています。

細川政元は、応仁・文明の乱の一方の当事者である細川勝元《かつもと》の子息でしたが、少し変わったところがあった人物です。特に、修験道《しゅげんどう》にのめり込み、生涯、妻を娶《めと》らなかったことは有名な話です。結果、政元は九条家と一族の細川氏からそれぞれ養子を迎えていますが、これが原因で一族に内紛が起こったほどです。何よりも政元は実質を重んじ、形式にとらわれない人物でした。後柏原が即位式を行いたいという希望については、文亀二年（一五〇二）六月に次のように言い放っています（『大乗院寺社雑事記』）。

朝廷において、即位大礼を執り行うのは無益なことです。即位の儀式を行ったところで、実質が伴っていなければ、周囲は天皇と認めないことでしょう。即位式を行わずとも、私（政元）は後柏原を天皇と認めるところです。したがって、末代となった今、即位式を執り行うことは、実に不相応なことなのです。手続きを進めようとしても無駄なことになるでしょう。

このように政元は、かつてのように財源が豊富でなく事情が許さない現状を説明し、即位式にこだわる後柏原をあざ笑うがごとく言い放ったのです。政元が重視したのは、実質であり形式ではありませんでした。いくら形式を取り繕っても、実質が伴わなければ、無意味であると述べているのです。そう考えると、政元にとって即位式などは「ムダ」なものに過ぎなかったのでしょう。政元の矛先は後柏原だけでなく、将軍の足利義澄にも向けられました。『大乗院寺社雑事記』では、次のように述べられています。

（義澄が）参議中将《さんぎちゅうじょう》に昇進することは、無益なことです。私（政元）の中では、（義澄を）常に将軍と理解しているので、官位は無益なことです。いくら昇進をしたところで、周囲が命令を聞かないことには、何ら意味がありません。しばらくの間は、現在の官位のままでよいと思います。

驚くべきことは、政元だけがこういう考えを持っていたわけではないということです。『大乗院寺社雑事記』の記主である尋尊によれば、政元の意見を聞いた公武の者は皆「もっともなことである」と同意したというのです。先例を重んじたこの時代にあっても、もはや往時のような華やかな儀式を執り行えると考えている人は、少数派に過ぎなかったことを示しています。もっとも将軍権力が畿内とその周辺にしか及ばず、また先述のとおり国役徴収にも支障を来たしていたほどですから、現実の財政状況は相当厳しかったはずです。

◇後柏原の粘り強さ

ある意味で政元は、即位式に現実的な見解を示したのですが、文亀二年（一五〇一）から翌年にかけての後柏原の即位式に対する執念は、実に凄まじいものがありました。政元が現実を直視して正論を唱えようとも、後柏原の強い執念は一向に変わることがありませんでした。その後の動きを追ってみましょう。

後柏原は、何とか文亀二年の春頃には即位式を行いたいと考えていたようですが、相変わらず幕府の命令に応じて国役を収める守護は少なかったのです。そこで同年二月、朝廷は摂津・丹波の守護でもある細川政元が範を示すべく、両国からの段銭徴収に全力を尽くすように命じています（『時元記《ときもとき》』）。政元は在京していたので、実際には配下の安富《やすとみ》氏に命じられました。この命を受けたときに、政元は先述した「実質を重んじる」見解を示したのです。そして、へそを曲げた政元は丹波国守護所へ引っ込んでしまいました。

ところが、後柏原は諦めませんでした。翌文亀三年（一五〇二）三月、即位伝奏《てんそう》の町広光《まちひろみつ》を通じ、再度政元に対して摂津・丹波からの即位段銭徴収を命じたのです。このとき広光は、椿阿弥《ちんあみ》なる者を政元の交渉役に用いていますが、政元は意外な条件を提示しています。それは、京都・本国寺《ほんこくじ》の日了《にちりょう》を権僧都《ごんのそうづ》から権僧正《ごんのそうじょう》に昇進させよ、というものでした（『時元記』）。椿阿弥は、日了と何らかの関係があったのでしょう。この政元の申し出は即座に受け入れられました。後柏原の即位への執念がうかがえます。

後柏原の粘り強さが実ったのか、五月には大学寮の吏寮《りりょう》の衣服を新調するため、五百疋が幕府から寄せられました（『和長卿記』）。これは、即位式に伴う調進物《ちょうしんもの》の一つでした。しかし、喜んだのも束の間、蔵から献上された五百疋（約五十万円）の大半は、悪銭《あくせん》であることが判明しました。なかなかうまくいかないものです。その後も朝廷では、正親町三条実望《おおぎまちさんじょうさねもち》や冷泉為広《れいぜいためひろ》を幕府に遣わして、即位費用の督促を行っています（『実隆公記』）。皇室財政の要が幕府であった事実がよくわかります。

◇段銭徴収の悲劇

即位費用の徴収については、一部で即座に応じるところもありましたが、大半は音沙汰がありませんでした。幕府や細川政元も、のらりくらりとかわしてきた感があります。しかし、中には熱心に応じる者もありました。若狭《わかさ》国守護の武田元信《たけだもとのぶ》です。武田氏は幕府や細川氏と強いパイプを持っており、三条西実隆とも交流がありました。文芸にも強い関心を示した人物でもあります。

文亀二年（一五〇二）四月、武田元信は若狭国内の禁裏領の年貢を届けています。さらに六月、元信は若狭国内に段銭を賦課しました（『実隆公記』）。しかし、在地の反発は大きく、国人《こくじん》や百姓が一斉に反旗を翻したのです。驚いた三条西実隆は、禁裏領の上吉田・三宅の段銭を免除するよう助言をしましたが、すでに国人・百姓は武田氏の居城である小浜《おばま》城に押し寄せていました。その結果、元信の子息・元度《もとのり》が討ち死にするという悲劇に見舞われました。なぜ、元信はここまで段銭賦課にこだわったのでしょうか。

実は、元信は前年の一月に従四位下《じゅしいのげ》・大膳大夫《だいぜんのだいぶ》に叙されています（『実隆公記』）。その際、官《かん》途奉行《とぶぎょう》の許可を得るのは当然としても、三条西実隆を介していたことがわかります。何らかの形で、元信から実隆に金銭がもたらされたのでしょう。元信の叙爵《じょしゃく》は「武家では例がない」と記されているとおり、破格の扱いであったことは確かなようです。したがって、元信が熱心に段銭徴収に動いたのは、官途授与の問題と関係があると考えて間違いないでしょう。当時における武家官途全般の扱いについては後述します。

このように一部の大名が段銭徴収に動いたのは事実ですが、ごく一部に止まっていました。思ったように即位の費用は集まらなかったのが現実といえるでしょう。

◇永正への改元

後柏原の即位式が遅々として進まない中、問題となったのが文亀からの改元でした。なぜ問題になったのでしょうか。

実は文亀四年（一五〇三）は、六十年に一度の甲子《きのえね》（かっし）の年にあたっていました。讖緯説《しんいせつ》によると、甲子の年は政治上の変革が起こる運にあたっていました。このことを『易緯《えきい》』では甲子革令とし、『詩緯《しい》』では甲子革政としています。甲子の年には改元を行うことによって、その厄災を避けるのが例となりました。中世では、永禄《えいろく》七年（一五六四）を除いて、必ず改元が行われています。このように書くと、当然改元が行われてしかるべきなのですが、一つの問題が横たわっていました。

その問題とは、後柏原が即位式を挙行していないのに、二度（一度目は「文亀」）も改元をして差し支えないのかということです（『後法興院記』）。早速、過去の事例を探す作業が始まりました。そうすると、即位以前に二度改元された例はなかったのですが、大嘗会《だいじょうえ》以前ならば、三度改元された例のあることがわかりました。大嘗会とは、天皇が即位をしたあと、初めて行う新嘗《にいなめ》の祭のことです。この例に準拠することにしたのです。さすがに先例がないとはいえ、甲子革令に伴う改元は避けられない状況でした。

問題となるのは、その時期です。基本的に甲子革令による改元は、二月に行われていました。康保《こうほう》（九六四～九六八）、万寿《まんじゅ》（一〇二四～二七）の改元は七月でした。正中《しょうちゅう》（一三二四・二五）にも甲子革令の改元が行われましたが、兵乱によって十二月であったことも報告されています。このように過去の例が洗い出され、結局、文亀四年（一五〇三）二月に改元が行われることに決定したのです（『和長卿記』）。こうして、無事に改元は執り行われ、永正元年（一五〇三）三月から新年号が使われるようになりました。

ところで、この三年後の永正四年（一五〇六）八月、今度は将軍・足利義澄のほうから朝廷に対して、改元を持ちかけます（『実隆公記』）。理由は、近年「兵革（兵乱）」が続いているからでした。実は六月に、管領を務めた細川政元が家臣である香西元長《こうざいもとなが》、薬師寺長忠《やくしじながただ》によって謀殺されました。このことによって、細川家は三人の養子（澄之、澄元、高国）が家督をめぐって争い、畿内は争乱に巻き込まれることになったのです。もちろん政元の謀殺以外にも、各地で兵乱が止むことはなく、不安定であったのは事実です。

先述のとおり、後柏原が即位式を行う以前に、すでに二度も改元を行っています。加えて、財政的な問題も実に深刻でした。こうした事情から、永正四年の改元は見送られることになったのです。

◇即位式への執念①

永正七年（一五〇九）五月、即位式を挙行すべく、挙行の日や担当者を決定しました（『実隆公記』）。三条西実隆は新たに『令義解《りょうのぎげ》』を書写し、後柏原に献上しています。『令義解』とは、養老令《ようろうりょう》の公定注釈書のことで、十巻三十編から成っています。天長《てんちょう》三年（八二六）、明法博士《みょうほうはかせ》・額《ぬか》田今足《たのいまたり》の建議により、右大臣・清原夏野《きよはらなつの》ら十二人が淳和《じゅんな》天皇の命によって編纂を行いました。完成したのは天長十年（八三三）で、養老令の公権的な解釈として、令の本文に準ずる規制力を持ったのです。そして、同書には即位に関する内容も含まれていました。

広橋守光《ひろはしもりみつ》が大礼伝奏《たいれいてんそう》を辞退することもありましたが、即位式の準備は着々と進行し、永正七年（一五〇九）十一月に即位式が行われる運びとなりました。後柏原の心は躍ったことでしょう。ところが、ここまで進んでいながらも、即位式は延引ということになってしまうのです。延期された理由は、いったいどのようなものだったのでしょうか。その点を『実隆公記』で確認しておきましょう。

明くる年の大将軍《たいしょうぐん》は、東の方向になります。遊年《ゆうねん》は、南になります。

これはどういう意味なのでしょうか。大将軍とは陰陽道でまつる八将神の一つで、太白星《たいはくせい》の精として、地に降り四方をつかさどるといわれています。巳午未の年は東、申酉戌の年は南、亥子丑の年は西、寅卯辰の年は北と、三年ごとに四方をめぐって、十二年目にもとの方位へ戻ることになっています。この神のいる方角は三年塞《ふさが》りといい、何事を行うにも忌まれたのです。

一方の遊年とは、陰陽家のいう八卦忌《はっけいみ》の一つで、年によりその人の造作・出行・移転・嫁取りなどを忌み避けなくてはならない方角の名称のことです。八年に一回ありますが、その該当年次は生年によって異なるといわれています。不幸にも即位式の日取りは、こうした悪条件が重なったのです。

つまり、陰陽道に基づいて即位式を行うべきか否かを考えたところ、行うべきではないという結論に至ったわけです。朝廷では何かを催す際、日取りの吉凶について陰陽師に調べさせていました。今回は「凶」ということになるでしょう。後柏原の即位式の計画は、ここに脆くも崩れ去ったのでした。

◇即位式への執念②

その後の即位式の準備は、遅々として進みませんでした。永正七年（一五〇九）九月、幕府は摂津・多田《ただ》神社に対して、多田荘に即位段銭を課すことを停止しています（「多田神社文書」）。さらに翌十月、幕府は山城・松尾社領の丹波国桑田荘（小川神戸田）にも、即位段銭を課すことを停止しました。これでは集まるはずの段銭も集まらないことになってしまいます。非常に悩ましい状態に陥っていた状況がうかがえます。いずれも細川氏の領国であることに注目すべきでしょう。

翌永正八年（一五一〇）三月、再び即位式を催すべく、段銭徴収を開始することになりました（『実隆公記』）。同時に内裏の修理や、高御座《たかみくら》を塗り直すことも決めています。高御座とは、即位や朝賀などの大儀に際して、大極殿《だいごくでん》または紫宸殿の中央に飾る浜床《はまゆか》のうえに御帳《みちょう》をめぐらした天皇の玉座《ぎょくざ》のことです。そして、即位式の挙行に際しては、武家に諮ることも忘れませんでした。これまで見てきたとおり、段銭徴収を行うには、武家の力なくしては実施が困難だったからです（結果的に、ほとんどうまくいっていませんが）。玉冠《ぎょっかん》は新調され、その経費は二百疋（約二十万円）であったと記されています。

実は、前年の永正七年（一五〇九）に、越前国の朝倉氏から五万疋（約五千万円）もの大金が寄せられていました（『元長卿記』）。斯波《しば》氏を放逐して越前支配を行った朝倉氏は、なかなかの富裕さを誇っていました。朝廷では、その後の献金を大いに期待したことでしょう。しかし現実には、その後の献金はすっかり途絶え、調度類を整える程度で、またもや即位式は延期することになったのです。問題は資金、といっても過言ではありません。

前途は多難でしたが、ここで思いがけないことが起こります。永正九年（一五一一）二月、稀に見る大雪によって、皇大神宮《こうたいじんぐう》（伊勢神宮の内宮）の神殿が傾いてしまったのです（『内宮引付《ないくうひきつけ》』など）。神宮側ではこれを前代未聞のこととし、即位式の前に造替遷宮《ぞうたいせんぐう》を行って欲しいと要望しました。当時の神仏に対する考え方はもちろんですが、皇大神宮ということもあって、これは無視できないことでした。即位式が執り行われれば、天下泰平の儀は皇大神宮で祈禱されるのですから当然です。

造替遷宮に関しては、皇大神宮サイドでも強く訴え出ることも辞さないという覚悟がありました。この件で、朝廷はすっかり頭を悩ませました。結果として、朝廷は即位費用として準備していた中から、八万疋（約八千万円）を皇大神宮の造営費用として支出することを決定しました（『実隆公記』）。このまま打ち捨てるわけにはいかないというのが、大きな理由でした。いかに天皇といえども、神慮を無視するわけにはいかなかったのです。このことによって、後柏原の即位式の実現は、ますます遠のくのでした。

◇即位式への執念③

以降も後柏原は、即位式の挙行を諦めませんでした。永正十三年（一五一五）二月、朝廷は将軍・足利義稙《よしたね》に対して、即位費用の調達を依頼しています（『守光公記』）。武家側に費用の肩代わりを求めたのは、これまで見てきたとおりです。しかし、なかなか思うようには運ばず、ついには神仏を頼むことになりました。

永正十五年（一五一七）十一月、朝廷では皇大神宮に奉幣使《ほうへいし》を派遣しています（『守光公記』）。奉幣使とは、神に幣帛《へいはく》（布帛・金銭・酒食など神前にささげる供物）を捧げる使いのことです。いささか大掛かりなものになっていました。奉幣使は翌年にも派遣されています。同じ月には、翌十二月に即位式を挙行したいと、仁和寺《にんなじ》と春日社に祈禱を命じています（『春日社司祐維記』など）。ちなみに仁和寺の門跡・覚道《かくどう》法親王は、後柏原の子息でした。しかし、こうした対策もすべてうまくいきませんでした。

翌永正十六年（一五一八）七月、九月に即位式を行うべく、小御修法《こみしゅほう》*の阿闍梨《あじゃり》に覚道法親王を招請しました（『永正十三年八月日日次記』）。修法料として、三千疋（約三百万円）を準備していましたが、思いがけず覚道法親王は、「不弁」という理由によって、これを辞退しました。この場合の「不弁」とは、能力がないことを意味します。これまでに何度も、即位式が計画されては挫折したのですから、覚道法親王としてもやすやすと引き受けるわけにはいかなかったのかもしれません。つまり、「不弁」とは、引き受けないための方便だったのです。

仕方がなく、今度は後土御門天皇の猶子《ゆうし》で、妙法院《みょうほういん》門跡の覚胤《かくいん》法親王に依頼しましたが、こちらも見事に断られてしまいました。結局、大覚寺《だいかくじ》の性守《しょうしゅ》、真乗院《しんじょういん》の宗一《そういつ》、真光院《しんこういん》の尊海《そんかい》などに依頼していますが、ことごとく断られてしまったのです。やはり、自信がなかったと見るのが妥当なのかもしれません。しかし、小御修法の阿闍梨という大役は、誰にでも任せられるというものではありませんでした。後柏原は窮地に立たされたのです。

その前後における幕府の対応は、これまでと全く変わりませんでした。というより何もしていません。『二水記《にすいき》』によると、さすがの後柏原も即位式が何度も延期になったので、「不快」であると記しています。後柏原が践祚してから十七年も経過しているのですから、無念の気持ちが察せられます。

その後も同じようなことが何度も繰り返されますが、即位式の実行には至りませんでした。永正十七年（一五一九）七月には、細川高国が播磨に出兵するとの風聞が流れたのですが、一方で三十万疋（約三億円）の費用が足りない、あるいは将軍・足利義稙の夏装束が準備できないといった理由も挙げられています（『二水記』）。ここまで来ると、幕府には本当に即位式を執り行う気持ちがあるのか、疑わしくなるほどです。しかし、後柏原は粘り強く（あるいは執念深く）、即位式を執り行おうと努力し続けたのです。

＊修法——密教で個人または国家のため、災を払って福を祈り、あるいは怨敵降伏などのために加持祈禱を行うこと。

◇ようやく迎えた即位式

永正年間が終わり、新しい年号である大永《たいえい》が始まる頃から、徐々に即位式への期待が膨らむようになりました。

まず大永元年（一五二一）二月、即位費用として幕府から一万疋（約一千万円）が献上されました（『元長卿記』）。このほか、去年の未進分の一万疋、幕府の御蔵から一万疋の計三万疋（約三千万円）が準備されたことがわかります（『守光公記』）。しかし、実際には去年の未進分は請求段階にあって納められませんでした。この時点になって、ようやく翌三月に即位式を行うことが決定されました（『二水記』）。三月に入ると、即位式の際に風雨に見舞われないよう、石清水八幡《いわしみずはちまん》宮《ぐう》と春日大社で祈禱が執り行われています（「石清水文書」）。

三月十七日、即位式挙行に伴って、即位礼服御覧《そくいらいふくぎょらん》と即位叙位《そくいじょい》が行われました（『公卿補任』など）。即位叙位とは、即位に際して一律に一階を授けるものです。また、即位礼服御覧とは、即位儀礼において天皇が着用する礼服を準備するための儀礼のことです。この儀礼には、天皇以下の公卿が参列して礼服の確認を行い、即位当日までに補修を済ませ、即位式に間に合わせるという手順で行われました。即位式はたった一度しか行われません。何事も慎重に執り行われたのです。

三月二十一日、即位式が挙行される予定でしたが、雨により延期となりました（『拾芥記』など）。ぬかるむ道が不便だったからです。しかし、翌日は好天に恵まれ、いよいよ待望の即位式が挙行されました（『二水記』など）。警固には、細川高国があたっています。こうして無事に後柏原の即位式が挙行されましたが、践祚してから何と二十一年もの歳月を要しました。それでも挙行し得たのは、後柏原の執念としかいいようがありません。このとき後柏原は、もう五十八歳になっていました。

ところで、後柏原が即位式を行う際に、本願寺《ほんがんじ》から資金が寄せられたとの説が残っています。三条西実隆が本願寺の光兼実如《こうけんじつにょ》に依頼し、実現したということです。この説は、「門下伝」や本願寺伝来の家譜などによって伝わっており、この功績によって本願寺は門跡になったといわれています。この説に関しては、渡辺世祐氏によって根拠がないと否定されましたが、浅野長武氏は肯定しています。奥野高廣氏も肯定派の一人ですが、私は関連する確たる史料が乏しく、今後さらに議論が必要であると考えています。

◇大内義興との関係

後柏原の時代に活躍した重要な武将として、大内義興《おおうちよしおき》がいます。義興は政弘《まさひろ》の子として文明九年（一四七七）に誕生し、明応三年（一四九四）に政弘が病歿すると家督を継ぎました。周防・長門・豊前・筑前・石見などの守護を務め、中国地方西部から九州北部に基盤を持ちました。明応九年（一五〇〇）、前将軍の足利義稙（義材、義尹。以下、義稙で統一）が周防に下向してくると庇護《ひご》し、永正五年（一五〇八）六月、義稙とともに上洛して将軍に復活させています。同時に、義興は管領代《かんれいだい》として義稙を支え、山城国守護を務めました。義興が山口に帰り、領国支配に専念するのは永正十五年（一五一八）のことです。

義稙は義視《よしみ》の子息で、義政《よしまさ》の子息・義尚《よしひさ》が延徳二年（一四九〇）に病歿すると、十代将軍に就任しています。しかし、明応二年（一四九三）に勃発した明応の政変によって、細川政元によって将軍職を廃されました。その後、義稙は各地を転々として再起を期しますが果たせず、最終的には義興を頼り、念願の入京を果たすことになるのです。この間、細川政元が被官人に謀殺されましたが、実子がなかったため、その後継の座をめぐって、養子である澄之《すみゆき》、澄元《すみもと》、高国《たかくに》の三人が争うことになるのです。

ところで、この管領代という職務は、文字通り「管領の代官」ということになります。当時、細川氏の弱体ぶりが著しかったため、義興が管領の代官となって義稙を支えることになったのです。本来、管領は斯波、畠山、細川の三家が交代で務めていました。大内氏には、残念ながら管領になる資格がありません。それゆえ管領代への任命は、義稙にとっては窮余の策であり、のちには六角《ろっかく》氏も任じられています。しかし、義興の管領代補任の裏付けとなる根拠史料は、いささか質が落ちる二次史料に限られています。

『重編応仁記《ちょうへんおうにんき》』には、義稙入京の際の義興の功績を称え、管領代に命じたとあります。管領には斯波、畠山、細川の三氏以外が補任されたことがないので、「稀代の公（鴻）恩」と記されています。鴻恩とは、大きな恩ということです。また、『吉川家史臣略記《きっかわかししんりゃっき》』には、義興が管領代でなく管領職に補任されたとしたうえで、「畿内、中国、西海の成敗を担当した」とあります。このように当時の史料を一覧すると、やや信憑性に欠けるものが多く、管領代という職務そのものにはやや疑問が残ります。しかし、その後の展開から明らかなように、義興が義稙を十年あまり支え続けたのは事実なのです。

◇義興、従四位に叙される

義興が義稙と入京を果たした三ヵ月後の永正五年（一五〇八）六月、義興は従四位下《じゅしいのげ》に叙されました（『歴名土代《りゃくみょうどだい》』など）。しかし、このことは極めてレアなケースだったのです。そのあたりの事情について考えてみましょう。

永正五年八月一日、勧修寺尚顕《かじゅうじひさあき》は義興が太刀と馬を勧修寺邸に持って来たので、そのまま後柏原に進上したことを三条西実隆に報告しました（以下『実隆公記』）。その際に「四品《しほん》」、つまり「四位」を義興に授けることを後柏原が了解し、将軍義稙も同意見であることを告げています。ところが、義興を四位にすることは、実隆にとって納得がいかないことでした。三条西実隆は学識のある公家として知られ、『実隆公記』という日記を残していますが、日記の記述からその理由を考えてみましょう。

八月四日、義興が従四位上《じゅしいのじょう》を望んでいることを知ると、実隆は「そのような先例があることを知らない」と記し、全く賛意を示していません。むしろ、不快の念を感じ取ることができます。「この間のことは、記すに値することもない」とも書いているので、義興の従四位上は検討に値しない、と考えていたようです。その後も実隆は賛意を示しませんでしたが、結局は押し切られる形で、義興はワンランク下の従四位下に叙されました。では、義興以外の公家は、どのように感じていたのでしょうか。

中御門宣胤《なかみかどのぶたね》の残した『宣胤卿記抜書《のぶたねきょうきぬきがき》』には、正五位下《しょうごいのげ》が妥当であろうと記しています。つまり、少なくとも当時の例から考えて、義興に授けられる従四位上というのは、過分な位階であったと考えてよいでしょう。しかし、義興は従四位下に叙されるために、後柏原へ馬や太刀を贈るなど、必死に運動を行っているのです。ただ、義興自身は、従四位下で納得したわけではありませんでした。義興はもうワンランク上の従四位上に叙されるため、さらに運動をし続けるのです。

義興が従四位下に叙されてから二ヵ月後の永正五年九月、とうとう従四位上に叙されました（『歴名土代』など）。このときには、幕府の伊勢貞宗《いせさだむね》が実隆のもとへ相談に訪れていますが、大内氏の被官人である神代貞綱《こうじろさだつな》も訪問しています。貞綱はお礼と称して、実隆に折紙を五百疋（約五十万円）贈りました。これは折紙銭と呼ばれるもので、実際にはワイロだったのです。心ならずも実隆は喜んでいます。実隆の懐具合が、なかなか厳しかったからです。当時、公家は自分の所領からの年貢が期待できない状況に陥っていました。

義興の従四位上が内定すると、今度は禁裏の庭が見たいとの要望が出てきました。この義興の申し出は了解されています。九月十七日には、実隆のもとに義興から太刀と折紙銭二千疋（約二百万円）が贈られています。そして、何と後柏原には一万疋（約一千万円）が贈られたのです。このワイロがあったからこそ、庭の見学を許可したのでした。実隆は自身の日記に「不慮の芳志」「天恩」とまで記しています。これまで反対していたのですから、随分な変わりようです。むろん、後柏原も同じ気持ちだったに違いありません。

この過程を見れば明らかなように、武家への位階の叙任は先例によって定まっていたのですが、金銭によって左右されたことがわかります。義興が短期間で従四位上に叙されたのは、金銭の影響もありましたが、義稙のバックアップも大きかったと思います。当時、位階は本人が直接朝廷に申し出るのではなく、幕府を介するのが通例でした。義稙が義興の助力を得ている以上、応援するのは当たり前だったのです。しかし、義興は従四位上に叙されたことに味をしめ、さらに思い切った行動に出るのです。

◇義興、従三位に叙される

永正五年（一五〇八）以降、将軍の座をめぐって、足利義澄と義稙が長らく争いを続けました。そして、永正八年（一五一一）八月、京都の船岡山《ふなおかやま》で、義澄を擁する細川澄元と、義稙を擁する細川高国・大内義興の間で合戦が行われたのです。この戦いで、義澄・澄元連合軍は敗退し、澄元は阿波に逃亡して再起を図るも、結局そのまま勢力を盛り返すことはありませんでした。また、義澄は合戦の直前に、近江国の水茎岡山《すいけいおかやま》城で急死しています。その遺児は播磨国の赤松義村《よしむら》のもとに送られました。のちに十二代将軍となる義晴《よしはる》です。

この戦いで軍功を挙げたのは、間違いなく義興と高国です。当然、軍功が報いられるべく、恩賞が与えられることになります。それが二人の望みでもありました。二人への恩賞が実現するのは翌年三月のことですが、それは位階を与えることによって行われました（以下『実隆公記』）。

永正九年（一五一二）三月、二人の上階《じょうかい》のことが話し合われました。高国は、四位に叙されることになりましたが、高国の上階については、さほど急ぐことはないという結論に至っています。理由は高国にとって、四位という位階はいささか不釣合いなところがあったからかもしれません。その後も高国の四位については議論が続きましたが、結局は高国のほうから辞退する旨の申し出がありました。断られるなら、いっそのこと先に断ったほうが体裁がいいと考えたのかもしれません。高国が従四位下に叙されるのは、大永元年（一五二一）十二月のことです。

ところが、大内義興の従三位《じゅさんみ》に関しては「叡慮《えいりょ》」、つまり後柏原の意思ということもあって、粛々と進むところとなりました。管領代である義興には、特別な計らいがなされたのです。先述のとおり、義興は前回の上階に際して、多額の金品を後柏原に寄せています。今回は、どうだったのでしょうか。

三月十四日、大内氏の被官人である問田《といだ》氏は、広橋守光から位記《いき》（位を授けられた者に与えられる文書）と口宣案《くぜんあん》（口頭で勅命が伝えられたものの控え）を受け取りました。後柏原には五千疋（約五百万円）と太刀が、実隆には千疋（約百万円）と太刀が義興から贈られました。後柏原にとっても、実隆にとっても貴重な臨時収入であったといえるでしょう。ところが、このとき実隆は思いがけない感想を日記に記しているのです。次に挙げておきましょう。


今日のこと（義興の上階）は、これだけに限らないが、末代の方法である。すべてのことは、「田舎武士」（＝義興）の所望から出たことで、私が一生懸命になっているのは、「比興《ひきょう》」（あさましいこと）である。指弾されても仕方がないことだ。

実隆は臨時収入に随喜の涙を流すどころか、義興を非難しつつも、自己嫌悪に陥っているのです。何とも矛盾した感情を表現しています。当代一流の大学者である実隆にとって、これまでの先例を曲げて上階させたことには、いささか後悔の念があったのでしょう。お金を受け取ったことにも、後ろめたさがあったのかもしれません。しかし、その後も実隆は義興の上階を賀していています。考えてみると、実隆はこれまでも自ら古典を書写して、戦国大名に売って糊《こ》口《こう》を凌ぎました。ただ、位階に関しては別だったのでしょう。

後柏原の気持ちは、残念ながらうかがい知ることはできません。ただ、その後も同じように諸大名からの上階の要望に応じているので、案外味をしめたのかもしれません。後柏原は、財政難によって即位式すら行えなかった、辛酸を嘗め尽くした天皇です。彼にとって、臨時収入は何ものにも変えられないものだったのでしょう。

では次に、もう少し上階の件について事例を確認することにしましょう。

◇諸大名の上階に応じる①

少し時代をさかのぼりますが、次に北畠《きたばたけ》氏の例を取り上げてみます。北畠氏はもともと村上源氏の流れを汲む公卿であり、のちに飛騨《ひだ》の姉小路《あねがこうじ》氏、土佐の一条氏と並んで「三国司家」（実際に国司の任を務めたわけではない）と称されました。南北朝期に後醍醐《ごだいご》天皇のもとで親房《ちかふさ》が重用され、その子孫は南朝の重臣として活躍しました。親房の子顕能《あきよし》が南朝から伊勢国司に補任されると、一志《いちし》郡の多気《たけ》城（三重県津市）を本拠として、子孫は伊勢国司を世襲しました。名門の一族といっても、決して過言ではありません。

永正六年（一五〇九）十月、北畠材親《きちか》は正三位《しょうさんみ》に叙されました（『公卿補任』など）。材親は北畠政郷《まささと》の長男で、のちに足利義材から「材」の字を与えられました。ところで、実は『実隆公記』を一覧すると、九月の段階で材親が権大納言《ごんだいなごん》を所望していることが判明します。しかし、「権大納言に」という材親の願いは、全く聞き入れられませんでした。「再三これを命ず」とあるので、何度もやり取りがあったと考えられますが、そのあたりの理由については、特に記されていません。

ところが翌永正七年（一五一〇）九月、材親にとって念願の権大納言への昇進が、無事に果たされることになるのです（『公卿補任』など）。なぜ、一年後には認められたのでしょうか。実は、この年の四月以降、材親の権大納言昇進の一件は、実隆が相談を受けていたのです（以下『実隆公記』）。材親の運動の効果もあって、八月には昇進が認められたようです。むろん、それには裏がありました。材親は後柏原に対して二千疋（約二百万円）を進上し、実隆には五百疋（約五十万円）を贈っていたのです。こうした金銭のやり取りがあったので、後柏原は承諾し、実隆も熱心に動いたのでしょう。材親の粘り勝ちというところでしょうか。

◇諸大名の上階に応じる②

次に先述した、若狭国守護である武田元信の例を考えてみましょう。若狭武田氏は、もともと甲斐武田氏と同族なのですが、南北朝内乱期以降に若狭における守護職を獲得しました。元信は文芸に強い関心を示し、三条西実隆と深い交友があったことは有名です。幕府の御相伴《ごしょうばん》衆《しゅう》にも名を連ねていました。

文亀元年（一五〇一）一月、元信は従四位下に叙されました（『和長卿記』など）。しかし、これまた歓迎されざるものがあったのです。『和長卿記』を残した東坊城和長《ひがしぼうじょうかずなが》は、元信については五位が相当であり、従四位下はあまりに過分であるとの感想を漏らしています。こうしたことは例がなく、武家であるがゆえの措置であることを滲ませています。このように本来の位階の順序を踏まえず、一階級先に昇進することを越階《おっかい》といいます。元信が従四位下に叙された背景については、特に記されていません。

二十年後の大永元年（一五二一）十月、元信は従三位に叙されました（『実隆公記』など）。このとき後柏原へは五千疋（約五百万円）が、実隆には三百疋（約三十万円）が贈られています。なかなかの大金です。後柏原へ進上された五千疋は、のちに北御門の修理費用に充てられました（『拾芥記《しゅうがいき》』）。このような事例を見る限り、元信が修理費用を献上するのと引き換えに従三位を与えられたことは確実です。ただ、元信の場合は少し変わっていました。

何が変わっているのかというと、元信は前年の永正十六年（一五一九）十一月に出家をしているのです（『再昌草《さいしょうそう》』）。出家後の法名は紹壮《しょうそう》、号は透関斎《とうかんさい》といいました。この事実は、実隆も知っていたことでした。通常、出家した人に位階が授けられることはありません。そこで、位記の日付を永正十六年十月にさかのぼって与えているのです（『拾芥記』）。つまり、元信の出家前という状況に巻き戻したことになるでしょう。後柏原や実隆は、お金の魔力には勝てなかったのです。

◇諸大名の上階に応じる③

最後にもう一人、細川高国の例を挙げておきたいと思います。先述のとおり、高国は永正九年（一五一二）三月、四位への上階を見送られています。その後、どのようになったのでしょうか。確認しましょう。

大永元年（一五二一）十二月、高国は念願の従四位下に叙され、もともとの右京大夫《うきょうのだいぶ》に加えて武蔵守《むさしのかみ》を兼ねることになりました。細川氏の嫡流《ちゃくりゅう》は京兆家《けいちょうけ》と称されますが、京兆とは右京大夫の唐名《とうめい》のことです。細川氏の嫡流は、代々右京大夫を名乗ってきました。同じく武蔵守も、細川氏が代々名乗った受領官途《ずりょうかんと》として非常に尊重されたのです。武蔵守は右京大夫よりも低いのですが、ともに家を表す記号として、実に重要な意味を持ちました。こうした例は、ほかの家でも見られます。

幕府から執奏《しっそう》があり、高国に従四位下と武蔵守兼任が決定したのは、十二月十二日のことです。例のごとく、後柏原と実隆には、高国から礼物が贈られています。このとき後柏原には、一万疋（約一千万円）が進上されています（『宣胤卿記抜書』）。破格の金額です。中御門宣胤によると、細川家として初の三位に叙される予定が記されていますが、こちらは実現していないようです。いずれにしても、従四位下と引き換えに、多額の金銭が後柏原に寄せられたわけです。

ところで、東坊城和長は『和長卿記』の中で、興味深い事実を指摘しています。武蔵守に関しては武家による執奏だったのですが、四位については公家、つまり実隆による推任であったと記されているのです。そして「このこと（四位が公家により推認されたこと）は先例のない未曾有のことで、実隆が知り合いだったので内奏があった。とんでもないことだ」と手厳しい言葉を書き残しています。続けて、「これらの官位のことは、以前から官途奉行の摂津政親《せっつまさちか》の役目であったが、今回のことは全く知らないようだ」とも記されています。

このように武家官途に関しては、本来、官途奉行が所管すべきところなのですが、それが一切無視されている状況がわかります。

◇混乱した秩序

今谷明氏が指摘するように、官途奉行を通さず、また公家（ここでは三条西実隆）が介入する変化は、当時の政治的状況と深く関わっています。先述した義稙《よしたね》は将軍とはいえ、その実態は有力な武将たちに支えられなければ成り立たないものでした。大内義興などは、その代表といえるでしょう。また、経済的窮乏に苦しんだ後柏原や実隆にとっても、彼ら武将の存在は無視できないものがあったのです。将軍は武将の支持を取り付けるため、積極的に官途などを与え、朝廷では献金を目当てに少々のことには目をつぶる構造ができあがっていたのです。

これまで記したとおり、何人かの公家は先例のない上階に対して不満の意を日記の中で漏らしていますが、やがてその感覚はマヒしていきます。目の前の金（＝臨時収入）には、正直なところ勝てなかったのです。そして、武家方のほうでも、官途奉行を通さずに勝手な推挙を行うようになったのです。しかし、公家の中にも官位の濫発《らんぱつ》に公然と異議を唱える硬骨漢が存在しました。これまでにも何度か登場した中御門宣胤です。

中御門家は名家《めいけ》に属し、さほど家格の高くない実務官僚という地位にありました。宣胤は学識の高い人物と知られ、娘・寿桂尼《じゅけいに》が今川氏親《うじちか》（今川義元の父）に嫁いだことで有名です。文正元年（一四六六）、宣胤は従三位・参議《さんぎ》となり公卿に列します。応仁・文明の乱以降、宣胤は朝儀荒廃を嘆き、先例が廃れることを危惧していました。そのような宣胤にとって、いくら経済的な苦労があるとはいえ、官位の濫発は許し難いものがあったのです。

たとえば、永正十一年（一五一四）に武蔵国の僧綱《そうごう》（寺院の幹部）二名が僧正《そうじょう》の位を朝廷に申請した際、後柏原の諮問《しもん》に対して強く反対の意を示しています。僧正はかなりの高官であり、彼らには明らかに不釣合いだったからです。また、永正十五年（一五一八）に松木宗綱《まつのきむねつな》が地方に在国したままで、将軍義稙の推挙を受けて准大臣《じゅんだいじん》*に任じられたときにも、自身の日記の中で手厳しく非難しています。理由は、宗綱が在京することもなく、朝廷への奉仕を怠っているからでした。

宣胤の意見は、確かに正論といえますが、必ずしも現実的ではありません。こうして理想と現実は、時代の進行とともにますます乖離《かいり》していくのです。

＊准大臣——大臣の下で、大納言の上の待遇を示し、正式の官職名ではない。寛弘二年（一〇〇五）に藤原伊周《ふじわらのこれちか》がこの扱いを受けたのが最初の事例である。

◇越前河合荘と朝倉氏

次に、天皇を支えた各地の荘園について、特に武将との関係から確認することにしましょう。最初に取り上げるのは、越前国吉田郡河合荘《かわいのしょう》（福井市）です。

河合荘は河北荘ともいわれた、禁裏料所（皇室領）です。南北朝期の中期には、北朝を本家とする荘園として現れます。後光厳《ごこうごん》天皇が譲位する際、いったん仙洞料所《せんとうりょうしょ》に変わりましたが、その後は再び禁裏料所となっています。後述するとおり、河合荘は戦国期に至るまで存続し、皇室財政を支えた貴重な荘園でした。本家への負担は、室町期には内裏へ月に十五貫文（約百五十万円）を進上していました。そのほかには安楽光院《あんらくこういん》と法華堂《ほっけどう》に対して、二百五十貫文（約二千五百万円）を納入しています。領家職は二つに分割されており、本領主である仁和寺相応院《にんなじそうおういん》と醍醐《だいご》寺三宝院《じさんぽういん》が知行していました。

河合荘は戦国期にも禁裏料所だったのですが、朝倉氏との関係もあって領有関係は複雑でした。問題は、すでに後土御門天皇の代から発生していました。応仁・文明の乱以来、河合荘の年貢納入が「無沙汰」だったのです。ただ、朝倉氏のほうでも、斯波氏の重臣である甲斐氏などと争っており、予断を許さない状況でした。そこで、後土御門は河合荘の申次《もうしつぎ》に中御門宣胤を任じて、長らく納入されなかった年貢の交渉をさせました。その経過を次に示しておきましょう。

文明十八年（一四八六）、はるばる宣胤は越前国へ下向し、朝倉貞景《さだかげ》と交渉して三千疋（約三百万円）の納入を勝ち取りました。しかし、これは特段成果と呼べるものではありませんでした。なぜなら河合荘は、内裏に十五貫文、安楽光院と法華堂に二百五十貫文の計二百六十五貫文の在所で、まさしく「ドル箱」といってもいい大荘園だったからです。三千疋（＝三十貫文）では、わずか八分の一程度に過ぎず、全く不足していることになります。これは、いったいどういうことなのでしょうか。

実は、朝倉氏は河合荘の在所を足羽《あすわ》郡河北とすり替え、年貢の加増を拒否したのです。朝倉氏による巧妙な手口でした。当時、朝倉氏は主家である斯波氏から事実上、越前の支配権を奪っており、朝倉氏に抗することは極めて困難でした。結局、宣胤の再三の交渉にもかかわらず、河合荘の年貢額は三千疋に固定されてしまったのです。宣胤の苦悩は、想像にあまりあるところです。朝倉氏の年貢額については、後柏原天皇の代も変化はありませんでした。やがて、中御門宣胤は年齢的なこともあって、申次を辞退することになります。

◇良心的な朝倉氏

次に申次になったのは、甘露寺元長《かんろじもとなが》でした（『元長卿記《もとながきょうき》』）。甘露寺家は勧修寺《かじゅうじ》流藤原氏の一流で、中御門家も同じ系統に属していました。しかし、その甘露寺元長も永正十五年（一五一八）には河合荘の申次を辞退することになります。その後継者となったのが、医師の半井明《なからいあき》重《しげ》・明孝《あきたか》父子です。彼らは朝倉氏に招かれて、越前に在国していました。当時、朝倉氏は乙部《おとべ》氏を河合荘の給人《きゅうにん》（在地領主）としていましたが、乙部氏は金銭に困窮していました。そこで、代わりに河合五郎兵衛尉《ごろべえのじょう》が、年貢を立て替えたこともありました（『守光公記』）。河合氏は河合荘を苗字の地とし、朝倉孝景《たかかげ》の奉行人を務めていた人物です。

大永三年（一五二三）になると、申次として甘露寺元長の名が再度見えます（『元長卿記』）。その後、河合荘の申次は代々甘露寺家が継承したようです。たとえば、天文三年（一五三四）、元長の子息・伊長《これなが》が越前に下向していることを確認できます。これは、申次としての職務によるものと考えられています。そして、天文《てんぶん》から永禄《えいろく》年間（一五三二〜七〇）に至るまで、伊長・経元《つねもと》父子が河合荘の申次を務めたのです。この間、朝倉氏は滞ることなく、河合荘の年貢を納入し続けたのでした。

結局、最後まで年貢額は、三千疋のまま変更されることはありませんでした。この点を強調するならば、朝倉氏の勝利ということができるでしょう。しかし朝倉氏は、加増は認めませんでしたが、のちに朝倉義景《よしかげ》が織田信長に滅ぼされる直前まで毎月三千疋を納入していました。

これは、この時代においては相当稀有なことでした。一般的に、地方の禁裏料所は在地領主によって侵食されてしまうのですが、河合荘の場合は例外だったといえるのかもしれません。その点で、朝倉氏は良心的であったといえるでしょう。

◇備前国鳥取荘と山名氏・赤松氏・浦上氏

次に取り上げるのは、備前国鳥取荘《とりのしょう》です。鳥取荘は、現在の岡山県赤磐《あかいわ》市に所在した荘園です。極めて長期間にわたって、禁裏領として史料に見える稀有な荘園の一つです。ところで、十五世紀半ば以降、備前国は守護が山名氏から赤松氏に交代するなど、混乱が見られた地域です。嘉吉《かきつ》元年（一四四一）の嘉吉の乱で赤松氏が滅亡すると、代わりに山名氏が備前国守護になりました。しかし、応仁・文明の乱が勃発すると、赤松政則《まさのり》が備前国守護に復活した経緯があります。

鳥取荘も、ドル箱といえる所領でした。嘉吉元年（一四四一）の段階では、千貫文の年貢になっています。これは、現在では約一億円に相当する額です。ところが、ここで問題が起こるのです。鳥取荘の代官は山名持豊《もちとよ》が務めていたのですが、宝徳《ほうとく》二年（一四五〇）から納入されなくなってしまったのです。そこで、代官を持豊から畠山持国《もちくに》に交代させようとしたのですが、これには持豊が反対しました。確かに、これだけの「ドル箱」荘園ですから、持豊は代官職を手放したくなかったのでしょう。

持豊が代官の交代を拒否したので、代わりに滞納した年貢の納入が命じられ、幕府もこれを後押ししました（『康富記《やすとみき》』）。朝廷も幕府も、一歩も引かない構えでした。このような経緯もあって、持豊は滞納額の納入に応じることになったのです。その結果、持豊は滞納分の二十万疋に加えて、罰金のような形で十万疋を納めることになりました（『綱光公記《つなみつこうき》』）。合わせて三十万疋＝約三億円という高額です。持豊には代官としての収入があったわけですが、三十万疋を支払ってもなお相当なうまみがあったものと考えられます。

応仁・文明の乱が勃発すると、今度は再び備前国守護となった赤松氏が鳥取荘の代官職を獲得しました。ところが、赤松政則は代官として、いささか期待外れだったようです。文明年間の記録を見ると、鳥取荘からの年貢運上が途絶えた様子を確認できます（『親長卿記《ちかながきょうき》』など）。それどころか、文明九年（一四七七）には室町邸《むろまちてい》造営のために段銭《たんせん》が賦課されるなど、まさしく踏んだり蹴ったりという有様でした（『兼顕卿記《かねあききょうき》』）。朝廷では賦課を撤回するよう幕府に申し入れましたが、受け入れられませんでした。

文明九年七月、ついに朝廷の怒りは頂点に達しました（『兼顕卿記』）。朝廷は勧修寺《かじゅうじ》教秀《のりひで》と広橋《はしかね》兼顕《あき》に対して、年貢の督促を命じたのです。二人は赤松氏配下の浦上《うらがみ》則宗《のりむね》を呼び出したのですが、則宗は応じませんでした。結局、紆余曲折があり、年貢の納入を浦上氏に申し入れることはできたのですが、あまりの態度の悪さに二人は怒りを禁じ得ませんでした。仕方がないので、念には念を入れ、備前国守護代の浦上宗助《むねすけ》に年貢の納入を申し入れることにしました。しかし、宗助が姿を現すことはありませんでした。そうした事情もあって、赤松氏は翌年に鳥取荘の代官職を改易されることになります（『兼顕卿記』）。

以後、後柏原の代に至って、鳥取荘の年貢はほぼ着実に納められるようになりました、大変驚くべきことですが、のちの天正《てんしょう》、文禄《ぶんろく》、慶長《けいちょう》年間という信長・秀吉・家康らが活躍した時代に至っても、年貢はきちんと進上されているのです。とりわけ十六世紀後半といえば、荘園の痕跡を止めていない例が多く、実際に年貢が運上されている例は極めて乏しいのです。年貢を納めた宇喜多《うきた》氏あたりは、朝廷にとって極めてありがたい存在だったといえるでしょう。

◇禁裏御倉職と立入氏

朝廷に毎月酒饌《しゅせん》（酒と食べ物）を納め、御物《ぎょぶつ》（天皇が使用または所蔵する品物）の保管、金銭の出納、年貢米などの管理にあたった職として、禁裏御倉職《きんりみくらしき》があります。その禁裏御倉職を担当していたのが立入《たてり》氏です。立入氏は藤原秀郷《ひでさと》流松田氏の流れを汲み、近江国野洲《やす》郡立入（滋賀県守山市）

の出身といわれています。のちに京都に出て高利貸を営みました。そのあたりの事情は、詳しくわかっていません。初代といわれる宗康《むねやす》は、永正六年（一五〇九）正月の段階で、すでに禁裏御倉職に任命されています。

後柏原は、たびたび宗康からお金を借りていたようです。永正九年（一五一二）七月に五百疋（約五十万円）を借りています。永正十二年二月には、いったん要脚《ようきゃく》（皇室経費）のうちから返弁《へんべん》を行いました。また、四月には三百疋（約三十万円）を借りていたことがわかっています（以上『守《もり》光公記《みつこうき》』）。つまり、立入家は高利貸しとして、ある意味では朝廷の財布代わりになっていたのです。しかし、「借りたものは返す」ということは、世の鉄則です。慈善事業ではありません。

永正十二年（一五一五）、畠山稙長《たねなが》が元服をしましたが、このときは元服に伴う折紙銭《おりがみせん》がたびたびの催促にもかかわらず届かなかったので、朝廷では大いに困惑していました。そこで、朝廷では立入氏から二千疋（約二百万円）、中興《なかおき》氏から千疋（約百万円）を借用しました。中興氏も禁裏御倉職を務めていましたが、詳しい出自などは不明です。しかし、二人とっては商売でしたので、当然利息を付けました（以上『守光公記』）。いくら天皇家とはいえ、払うべきものは払わなくてはならなかったのです。

このほか、立入宗康は御物を虫干ししたり、酒饌を献じたりするなど、朝廷を陰で支えている様子がうかがえます（『御湯殿上日記』）。そのような点で、禁裏御倉職の立入氏は朝廷にとって非常に貴重な存在であったといえるでしょう。

◇内裏周辺での事件

戦乱という状況下、後柏原が居住する内裏の周辺では、大小の事件がたびたび起こっています。次にそのあたりのことを確認しておきましょう。

永正元年（一五〇四）一月、内裏近くで火事が発生しました（『後法興院記』など）。場所は烏丸《からすま》・正親町《おおぎまち》と記されているので、現在の京都市上京区正親町周辺で発生したということになります。その付近から北に向けて、半町（約五十四メートル）ほどがことごとく焼けたとあるので、相当な大火であったと考えられます（『二水記《にすいき》』）。幕府もすぐに内裏へ伊勢氏を差し向けました。後柏原は、火事が広がった場合を考えて、「行幸」の準備もしていたようです。しかし、夜に至って火事は収まりました。『元長卿記《もとながきょうき》』には、「聖運之至」と記されています。

永正六年（一五〇九）十二月、三条西実隆のもとに血相を変えて下女《げじょ》が走ってきました（以下『実隆公記』）。その理由は、内裏内で火事が発生したからでした。議定所《ぎじょうしょ》で障子や長押《ながおし》などを焼きましたが、間一髪で四辻公音《よつつじきんおと》、中御門宣秀《なかみかどのぶひで》らによって消火されたのです。この直後、広橋守光が実隆のもとを訪れ、幕府に報告すべきではないかと提案しています。「火付」とあるので、何者かが侵入し、放火をした疑いがあったのでしょう。それゆえ、幕府に対して犯人追捕とともに、警護の要請をする必要があったのです。

大永四年（一五二四）八月には、未曾有の大火が発生しています（『二水記』『寺院雑要抄』）。八月十二日、柳原《やなぎはら》付近から出火したのです。柳原は現在の京都市上京区上柳原・下柳原付近と考えられ、近くには相国寺《しょうこくじ》がありました。もちろん内裏の近くです。火事は風の煽りを受けて、なんと周囲の数百間（一間＝約一・八二メートル）にわたって燃え広がりました。現代のように、消防車が消火に駆け付けるわけではありませんので、人々は呆然としながらも、ただ逃げるしかなかったのです。

いうまでもなく、当時の建築物はすべて木造です。燃え広がれば、あっという間に内裏を包み込む可能性がありました。事実、火事に対して当時の人々はほとんど無力に近かったのです。したがって、火事は決して侮れないものであり、幕府もかなりの警戒をしていました。

物騒なのは、火事だけではありません。永正六年（一五〇九）三月には、内裏周辺で辻斬《つじぎ》りが発生しています（『実隆公記』）。辻斬りとは、武士が武術練磨と称して、夜間の道で不意に往来の人を斬ること、または刀の切れ味や自分の技量を試すために人を斬ることを意味します。あとで武士同士の喧嘩についても触れますが、けっこう都は物騒なところだったのです。永正十二年（一五一五）閏二月には、唐門《からもん》から盗人が入ったことがわかっています（『守光公記』）。そのようなこともあり、幕府は夜間における唐門の警備を強化しました。併せて、北門の警備の人数も増やしているのです。

このような物騒な事態にもかかわらず、唐門の番屋は壊れていました。当時、禁裏大工惣官職をめぐって禁裏大工らが争っていたので、門の修理が進められなかったのです。仕方がないので、修理職《しゅりしき》が修繕を行っています。また、永正十七年（一五二〇）二月には、四足門《しそくもん》付近で喧嘩が発生し、怪我人や死者が出ています（『二水記』など）。いずれにしても治安の悪さがうかがえます。禁裏に危害が及ばないような対処が必要でした。

余談になりますが、永正六年（一五〇九）に幕府が犬追物《いぬおうもの》を催す際、場所が禁裏の近くであったため、実隆を通して問題がないかを問い合わせています（『実隆公記』）。犬追物とは、武士の騎射の練習の一環として、犬を追物射《おうものい》にすることです。犬の鳴き声もうるさく、かなり騒々しいものでした。幕府もかなり気を遣っていたのです。

◇壊れる内裏

後柏原が天皇になって以降も、内裏はときどき破損したことがあったようです。理由は、自然災害によるものでした。そのあたりを確認しておきましょう。

永正八年（一五一一）八月十九日夜、内裏を台風が襲いました（『実隆公記』ほか）。このときは日華門廊《にっかもんろう》、小御所《こごしょ》が破損し、築地塀《ついじべい》も倒壊しました。むろん内裏だけではありません。庶民の住まいをはじめ、三条西実隆亭や近衛尚通《このえひさみち》邸も大きな損害を受けています。降雨に伴う水害もありました。内裏にあった世尊寺行高《せそんじゆきたか》の手になる「年中行事障子《ねんじゅうぎょうじのしょうじ》」*も、吹き破れたとの記録が残っています（『宣胤卿記』）。世尊寺家は藤原北家《ほっけ》の流れを汲む名門で、代々能書家《のうしょか》として知られていました。その後、何らかの措置がとられたと考えられます。

永正十七年（一五二〇）三月には、地震によって内裏の築地塀が倒壊しました（『二水記』）。将軍塚《しょうぐんづか》が鳴動したことから、人々は乱逆の始まりではないかと恐れています（『聾盲記《ろうもうき》』）。将軍塚は、京都市東山区粟田口《あわたぐち》の東側、標高二百十五メートルの華頂山《かちょうざん》の山頂にありました。桓武《かんむ》天皇が平安京を造営した時、王城鎮護《おうじょうちんご》（都を鎮める意）のため、将軍像（征夷大将軍・坂上田村麻呂《さかのうえのたむらまろ》と伝承される）を作り、都のある西方に向けて埋めたことから始まります。ここが鳴動すると、人々は恐れたのです。

翌大永元年（一五二一）二月、細川高国に対して築地塀の修理について内々に催促が行われています（『実隆公記』ほか）。この修理は、おそらく前年三月の地震によって倒壊した築地塀の修理だと考えられますが、一年経っても一向に作業がはかどっていなかったのです。この遅れが、高国の怠慢によるものか否かはわかりません。

また、先述のとおり大永元年（一五二一）十月には、武田元信の支援によって内裏の修理が行われています。さらに三年後の十月にも、内裏の修理が行われています。先に火事について触れましたが、台風、洪水、地震などの自然災害によって内裏が修理を要したのは事実です。その都度、簡単な修理を行ったと考えられますが、大がかりな修理には当然、多額の金銭を要しました。

＊「年中行事障子」――清涼殿の東南の隅にある衝立障子のこと。年中恒例の行事を両面に目録のように一月から十二月まで書き連ねた（絵はない）。仁和元年（八八五）、初めて藤原基経が献じた。しかし、経年による破損、焼失、行事の改廃などによって、何度も新調されている。

◇内裏の警護

内裏の周辺では、これまで触れてきたように喧嘩あり泥棒ありと、多くの問題を抱えていました。極言すれば、後柏原の生命の危険さえあったかもしれません。そこで幕府は、門役《もんやく》を内裏の諸門に配置して警護を行ったのです。

内裏の門を警護させることは、京都が戦乱に巻き込まれる中でたびたびあったことでした。たとえば、近江国の領主である朽木《くつき》氏は、明応三年（一四九四）三月と永正四年（一五〇七）三月に幕府から内裏の門の警護を命じられています（『朽木家文書』）。京都は政治の中心地でもあったので、たびたび大きな戦乱に見舞われたのです。いうまでもなく天皇は、武力を持っていませんでしたので、戦乱や思いがけない事故に備えて、幕府の協力のもとで警護を行わなくてはならなかったのです。

永正四年（一五〇七）六月には、細川政元が被官人《ひかんにん》によって謀殺されました。すると、政元の三人の養子（澄之、澄元、高国）が後継争いを展開します。澄元は、京都を離れて阿波に逃れていましたが、入京するとの風聞が流れていました。そこで、政元が亡くなった翌月、幕府は伊勢の北畠材親《きちか》と長野藤直《ながのふじなお》に内裏の警護を命じているのです（『実隆公記』など）。実際、八月になると、澄元が上洛して澄之を討伐しているので、適切な措置であったといえるでしょう。

門役は、内裏や貴人の邸宅の門の警備にあたる役で、武士の務めでした。しかし、その体制が必ずしも十分でなかった様子もうかがえます。文明十八年（一四八六）十一月一日には、門役を務める武士がいなくなったため、公家である四辻季経《よつつじすえつね》、勧修寺教秀が従事させられる有様でした。翌二日には、別の公家が対応しています。しかし、公家では頼りなく、これではあまりに無用心です。翌三日には、将軍・足利義尚《よしひさ》が富樫政親《とがしまさちか》に命じて、一晩内裏の警護をさせています（以上『御湯殿上日記』）。

朝廷では、門役が不在なのは無用心である、と大きな問題となりました。しかし、現実には門役を務める武士が不在だったのです。朝廷は再三幕府に申し入れましたが、門役を務める者はいなかったのです。特に東門近辺は無用心であり、堀で囲ってはどうかという意見が出たほどですが、これはあまりのことであると却下され、幕府に依頼して空地に警護用の小屋を作ることになりました（以上『実隆公記』）。戦乱が激しくなると、幕府も内裏の警護どころではなかったのかもしれません。

◇門役の実態

この間、延徳元年（一四八九）には、公家が警護を辞退する例が一気に増加しました。さすがに、いろいろな意味で堪えたのでしょう（『御湯殿上日記』）。こうして警護が手薄になる中で、先に触れたとおり盗人が出入りするようになったのです。

永正十三年（一五一六）六月、畠山尚順《ひさより》が内裏の警護にあたっています。畠山尚順は畠山政長《まさなが》の子で、将軍・義稙《よしたね》を支えてきた人物です。河内国守護などを務めました。翌七月には、外様《とざま》衆《しゅう》（幕府に仕える直臣団）が担当することになりました。また、同月の半ばには、仁木次郎《にっきじろう》が禁裏御門役を務めています。同時に幕府の警護も諸将に命じられました（『親孝日記《ちかたかにっき》』）。多少は従前に比べるとマシになったのかもしれません。ただ、武将たちにとっては大きな負担となったでしょう。

永正十七年（一五二〇）一月になると、畿内での争いも激しさを増し、特に細川高国は細川澄元と争っていました。高国は出陣に伴って、四足門の警護を伊勢貞陸《さだみち》に命じています（『守光公記』）。しかし、貞陸は「迷惑（困っている）」ということで、応じませんでした。弱った幕府は女《にょう》房奉書《ぼうほうしょ》を手に入れ、貞陸に命じようと考えました。その結果、貞陸は二月から担当することになったのです（『実隆公記』）。門役は重要な職務なのですが、武家でも辞退する者が現れる始末でした。

門役の警護は、十分な効果が認められました。先述のとおり、翌二月の四足門での喧嘩に際しては、門役を務めた貞陸が鎮圧に奮闘したのです。いささか気乗りしなかったかもしれませんが、きちんと役目は果たしているのです。さらに、大永五年（一五二五）七月には、門役を務めていた仁木六郎四郎と少納言高倉範久《たかくらのりひさ》の雑色《ぞうしき》である田口某兄弟が闘争に及んでいます（『二水記』）。仁木氏は田口兄弟を高倉邸に追い詰めたところで、幕府から諫止《かんし》されています。

このような例を見る限り、天皇の住まう内裏とはいっても、いささか物騒であったことは間違いありません。

◇朝儀再興のこと

後柏原の父・後土御門が朝儀再興に執念を燃やし、力を尽くしたことは、第二章で述べてきたとおりです。後柏原の代に至って、どのように変化したのでしょうか。確認しておきましょう。

後柏原が後継者となった翌年の文亀二年（一五〇二）一月は、無事に四方拝《しほうはい》・節会《せちえ》が催されました（『公藤公記《きんふじこうき》』ほか）。ところが、翌文亀三年（一五〇三）以降は、四方拝は執り行われましたが、節会は財政的な問題から中止になるという状況が長らく続いています。永正六年（一五〇九）には、節会だけでなく、歯固《はがため》の儀式も取り止めになっています（『東山御文庫記録《ひがしやまごぶんこきろく》』）。歯固の儀式とは、正月の三が日の間、鏡餅・大根・瓜・猪肉・鹿肉・押鮎《おしあゆ》などを食べて長命を願った行事のことです。やはり、財政難が理由でした。

節会がようやく再開されたのは永正十四年（一五〇七）のことです。催したのは、武家方つまり将軍・義稙からの奏聞《そうもん》があったからでした（『後法成寺尚通公記《ごほうじょうじひさみちこうき》』）。幕府からは、節会の資金として一万疋（約一千万円）が寄せられたのです。しかし、ここで一つの問題が生じることになります。この段階で後柏原は未だ即位式を執り行っていなかったので、節会に出御《しゅつぎょ》しなかったのです。先述のとおり、後柏原が即位したのは大永元年（一五二一）のことです。ここにも先例の厚い壁があったのです。

永正十五年（一五〇八）も節会は行われましたが、即位前にもかかわらず、今度は後柏原がきちんと出御しています。わざわざ「武家の申沙汰ではない」と記されているところを見ると、朝廷サイドの主導によることがうかがえます（『二水記』）。このように強い心意気を見せながらも、叙位《じょい》・除目《じもく》の再開を幕府に要望しており、まだまだ財政面での不安がうかがえるところです。この間、公家たちは節会の習礼（予行演習）を実施し、その作法について繰り返し確認をしています。なかなか手間のかかるものだったのです。

このように節会は、せっかく復活したのですが、再び翌永正十六年（一五〇九）から中止の憂き目に遭っています。

◇宸筆の効果

後柏原が数多くの宸筆《しんぴつ》をいろいろな人々に与えたことは、特筆すべきことです。宸筆とは、天皇の直筆を意味します。

永正六年（一五〇九）二月、後柏原は宸筆の『源氏詞《げんじことば》』二帖を三条西実隆に分け与えています（『実隆公記』）。実隆は一帖を駿河の今川氏親《うじちか》に、もう一帖を朝倉貞景《さだかげ》の妻に与えました。『源氏詞』とは、いかなるものなのでしょうか。一般的には、紫式部の手になる『源氏物語』で用いられた言葉のことを『源氏詞』といいます。この場合は「二帖」とあるので、『源氏物語』五十四帖の一部を書き写したものかもしれません。お金の話は出てきませんが、今川・朝倉両氏から後柏原と実隆に金銭が与えられたのは間違いないでしょう。

変わったところでは、永正八年（一五一一）十一月、実隆は加賀国・松岡寺《しょうこうじ》の兼祐《けんゆう》の子息（名前不詳）から依頼を受けて、『古今和歌集』を書き与えています（『実隆公記』）。この『古今和歌集』には、宸筆の銘が書き加えられていました。松岡寺は、現在の石川県小松市に所在した一向宗寺院でした。兼祐は蓮如《れんにょ》の三男で、のちに名を蓮康《れんこう》（蓮綱）と改めます。加賀国守護である富樫《とがし》氏や越前国の朝倉氏と戦うなど、一向一揆の中心的な人物でした。子息の名は記されていませんが、蓮慶《れんけい》と考えられます。

ところで、宸筆を加えることを拒否した例もあります。永正十四年（一五一七）四月、興福寺の一乗院良誉《いちじょういんりょうよ》が土佐光信《とさみつのぶ》の手になる「清水寺縁起《きよみずでらえんぎ》」の詞書について、後柏原の宸筆を依頼したところ、却下されてしまったのです（『守光公記』）。土佐光信は土佐派中興の祖の画家で、光《みつ》起《おき》、光長《みつなが》とともに「土佐派三筆」と称されていました。ところで、「清水寺縁起」の詞書は、ほかに近衛尚通《このえひさみち》、中御門宣胤、転法輪三条実香《てんぽうりんさんじょうさねか》、甘露寺元長、三条西実隆がそれぞれ分担して書き記しています。奥書《おくがき》の筆者は、一乗院良誉でした。

このように「清水寺縁起」は、豪華な顔触れによって詞書が書き記されているのです。では、なぜ後柏原は詞書を拒否したのでしょうか。実は、同じ頃に「誓願寺縁起《せいがんじえんぎ》」にも宸筆の詞書を依頼されたのですが、筆を執ることはありませんでした。そのような経緯があったため、「清水寺縁起」に詞書を書くことはできないということになったのでしょう。しかし、「清水寺縁起」は現在、国の重要文化財として東京国立博物館に所蔵されています。後柏原の詞書があれば、また違った評価を得ていたかもしれません。

宸筆は実に価値の高いものでしたので、身分を問わず多くの者が欲しました。記録類には金銭の動きは特に記されていませんが、実際には少なからぬ謝礼が必要だったことでしょう。

◇後柏原の最期

後柏原に関しては父の後土御門とは違って、「天皇を辞めたい」などと口にすることはありませんでした。また、後柏原は学問・芸術にも深い関心を示し、朝儀に関わる『四方拝次第《しほうはいしだい》』や家集『後柏原院御集』などを残しています。民衆への配慮もあり、大永五年（一五二五）十一月に唐瘡《からがさ》が流行した際には、延暦寺《えんりゃくじ》と仁和寺《にんなじ》に自ら筆写した般若心経を納めています（『実隆公記』ほか）。唐瘡とは一種の皮膚病ですが、栄養不足や悪質な衛生環境から広まったのでしょう。

大永五年（一五二五）十二月七日、後柏原が病に伏していた様子がうかがえますが、病名までは記されていません。竹田定祐《じょうゆう》が訪れ、薬を進上した記録が残っています。その翌日も体調不良が続いたのか、定祐に脈を取ってもらっています（『実隆公記』）。定祐は、医師の家柄である名門・竹田氏の子孫です。しかし、この段階では、まだ厳しい病状には至っていなかったようです。

翌大永六年一月五日、後柏原の病は深刻になっていました（以下『実隆公記』）。四日の夜から病状が悪化し、吐き気を催すようになったので、薬を処方しています。薬の効果があったのか、やや体調は持ち直したようですが、下痢の症状は続いていました。病状は徐々に回復に向かい、臥して安静にしていましたが、食欲はまだ戻らなかったようです。実隆は、後柏原の回復にほっと胸をなでおろしています。

後柏原の病については、将軍の義晴《よしはる》も気にしており、恒例の年始の挨拶を控えるほどでした（『師像記』）。一月十五日、義晴は伊勢神宮に馬を奉納し、後柏原の平癒を祈念しています（『実隆公記』）。三月二十八日、後柏原は山城の元応寺《がんおうじ》良覚《りょうかく》（明玖《みょうく》）を召して受戒《じゅかい》していますが、これは病気と何らかの関係があった行為なのでしょう。病状に回復の兆しが見えたとはいえ、後柏原は死を覚悟していたのかもしれません。

危機的な病状に陥っていた後柏原は、四月五日に崩御《ほうぎょ》しました。亡くなった年齢は六十五歳でしたので、比較的長命といえるでしょう。公家衆が悲嘆に暮れている様子は、『二水記《にすいき》』などの公家日記に数多く記されています。二十六日には、桓武天皇の別称「柏原」に「後」の字を冠した「後柏原」が追号されました（『二水記』など）。追号候補には、ほかに「後光明」があったようです。そして、五月三日に泉涌寺《せんにゅうじ》（京都市東山区）で火葬が執り行われました。御陵は、京都市伏見区深草にあります。

こうして後柏原は生涯を閉じ、子息である後奈良が天皇位に就きました。そして、後奈良にも非常にドラマチックな運命が待ち受けていたのです。

第四章◇官位を売る後奈良天皇

◇後奈良のこと

暮れの押し迫った明応《めいおう》五年（一四九六）十二月二十三日、後奈良は後柏原の子として誕生しました。母は勧修寺《かじゅうじ》教秀《のりひで》の娘・豊楽門院《ぶらくもんいん》で、諱《いみな》は知仁《ともひと》といいます（以下、後奈良で統一）。御産所は、教秀の子息・政顕《まさあき》の邸宅でした。実は、後柏原には第一皇子がいたのですが、幼くして亡くなっていました。そのような事情から、必然的に第二皇子である後奈良が後継者の道を歩むことになったのです。その後、次々と成長に合わせた儀礼が執り行われ、後奈良は順調に成長しました。

後奈良は、幼い頃から学問や文芸に深い関心を示していました。この点は、歴代天皇と全く同じです。いくつか例を見ることにしましょう。

永正《えいしょう》元年（一五〇四）十二月、後奈良は読書始《どくしょはじめ》を行っています（『実隆公記《さねたかこうき》』など）。九歳になろうとするときでした。読書始の開始年齢は、七歳から十歳までの間が多かったようです。読書始とは、皇族や貴族の子弟が、初めて書物の読み方を教えられる儀式でした。主たるテキストとしては、初学者向けの『孝経《こうきょう》』、『史記《しき》』、『千字文《せんじもん》』、『蒙求《もうぎゅう》』などが用いられました。初学者向けとはいっても、現在の九歳の子供が読めるようなものではありません。後奈良が用いたテキストは、『古文孝経《こぶんこうきょう》』なる書物でした。

もととなる『孝経』とは、孔子《こうし》の弟子・曾子《そうし》の作といわれており、同書は『論語』と並び五経《ごきょう》（『詩経《しきょう》』『書経《しょきょう》』『礼経《らいきょう》』『易経《えききょう》』『春秋経《しゅんじゅうきょう》』）に次いで尊重されました。内容は孔子と曾子の対話形式になっており、天子から庶人に至る各階層の「孝」のありかたが説かれています。さらに、「孝」の徳が「天の経、地の義、民の行」と天地人の三才を貫く原理として説明されています。『孝経』は短編かつ『詩経』の引用が多く暗誦《あんしょう》しやすかったので、『論語』とともに幼童の教育に用いられたのです。当時としては、これがごく普通の教科書だったのです。

今も昔もそうですが、内容や程度の違いはあるとはいえ、「易から難へ」と学習は進んでいくものです。後奈良の学習もどんどん進んでいきました。

永正八年（一五一一）二月、十六歳になった後奈良は、清原宣賢《きよはらのぶかた》から『大学』の講義を受けました（以下『実隆公記』）。宣賢は神道学者の吉田兼倶《よしだかねとも》の三男で、のちに清原宗賢《むねかた》の養子になった人物です。儒学者として非常に高名で、多くの著作を残しています。朝倉氏に招かれて、越前まで講義に出掛けたこともありました。この年、宣賢は後奈良の侍読《じどく》として、その任にあたっていたのです。侍読とは天皇、東宮《とうぐう》のそばに仕え、学問を授ける学者のことです。『大学』の講義は、月に六回行われました。

永正八年二月十九日に開始された『大学』の講義は、二十四日に序の部分を読み終え、翌三月十九日には講義を終えています。四月二日からは、『論語』を読み始めています。ただ『論語』のほうはかなり時間がかかったらしく、十一月十四日に読み終えました。引き続いて、『孟子《もうし》』を講読しています。『実隆公記』には、「珍重（めでたいこと、結構なこと）」と記されているので、ペースは順調だったのでしょう。後奈良の聡明さがうかがえます。

◇若き後奈良の教養

若き後奈良は、まるでスポンジが水を吸収するようにして、古典の知識を会得しました。もう少し確認しておきましょう。

①永正九年（一五一二）一月十一日――五条為学《ごじょうためざね》を招き『古文真宝《こぶんしんぽう》』の講義を受ける。
②永正十三年六月二十三日――清原宣賢を招き『古文尚書《こぶんしょうしょ》』の講義を受ける。

③永正十六年六月二十日――清原宣賢を招き『春秋経伝集解《しゅんじゅうけいでんしゅうかい》』の講義を受ける。
④永正十七年七月二十三日――清原宣賢を招き『春秋左氏伝《しゅんじゅうさしでん》』の講義を受ける。
⑤大永《たいえい》二年（一五二二）十一月三十日――三条西実隆《さんじょうにしさねたか》を招き『源氏物語』の講義を受ける。

このように、若き後奈良は当時の大学者を招き、講義を受けていたことがわかります。五条為学は菅原氏の流れを汲む学者で、のちに文章《もんじょう》博士に任じられました。天文五年（一五三六）には、後奈良の侍読を務めました。右の①から④までは、中国の古典です。⑤の『源氏物語』は、かなり好きだったようで、大永三年（一五二三）四月以降は、実隆の子息・公条《きんえだ》から『源氏物語』の講義を受けています。公条は父・実隆から古典を学び、『源氏物語』の奥義を極めたといわれる人物です。

若き後奈良の関心は学問だけに止まらず、多方面に及びました。それは、和歌や連歌そして香道、芸能です。

香道の中では、特に十種香《じっしゅこう》が好きだったようで、大永元年（一五二一）二月、後奈良は内裏で十種香を行っています（『二水記《にすいき》』）。十種香とは、十種類の香つまり栴檀《せんだん》・沈水《じんすい》・蘇合《そごう》・薫陸《くんろく》・鬱金《うこん》・青木《せいぼく》・白膠《はっこう》・零陵《れいりょう》・甘松《かんしょう》・鶏舌《けいぜつ》の名を示しています。十種類の香を焚いて、その香の名を当てる遊びなのです。香道は三条西家が代々伝えたので、後奈良は実隆あるいは公条から習ったのかもしれません。
ほかに興味深いのは、後奈良が音楽にも関心を持っていたことです。大永元年七月、後奈良は鷲尾隆康《わしのおたかやす》から「五常楽《ごしょうらく》」の伝授を受けています（以下『二水記』）。鷲尾隆康は四辻季経《よつつじすえつね》の子息で、のちに鷲尾家を継承しました。本書でよく用いている『二水記』の記主でもあります。もともと四辻家は音楽に通じていたので、隆康には素養があったのです。「五常楽」とは、雅楽《ががく》、唐楽《とうがく》のことで、平調《ひょうじょう》で新楽《しんがく》の中曲《ちゅうきょく》です。舞は四人舞です。唐の太宗《たいそう》作で、仁《じん》・義《ぎ》・礼《れい》・智《ち》・信《しん》の五常を、宮《きゅう》・商《しょう》・角《かく》・徴《ち》・羽《う》の五声に配した曲のことです。

このときは同時に、四辻季経から「万秋楽《まんじゅうらく》」も伝授されています。「万秋楽」も雅楽、唐楽の一つで、盤渉調《ばんしきちょう》の新楽の大曲《たいきょく》です。舞は六人または四人の文《ぶん》の舞を行い、番舞《つがいまい》は地久《ちきゅう》で、常装束に凸字形の冠をつけます。林邑《りんゆう》僧の仏哲《ぶってつ》が伝えたといわれますが、詳しいことはわかっていません。いずれにしても、この場合の伝授とは、直接演奏法なりを教授するものではなく、実際には書物のようなものに季経が奥書を記し、後奈良に呈上するのです。お礼として、季経には太刀や馬が与えられました。

また、後奈良は琴にも関心が深く、大永三年（一五二三）閏三月に四辻季経から伝授されています（以下『二水記』）。ただ、このときは二つの曲について伝授を受けようとしましたが、先例がないということで、一曲になりました。永正十二年（一五一五）には、豊原統秋《とよはらむねあき》から笙《しょう》の伝授を受けたこともあります（『守光公記《もりみつこうき》』）。豊原統秋は雅楽家として知られ、笙の名手として後柏原にも伝授を行っています。音楽というのも、実は中世において大切な嗜みの一つでした。天皇も学ぶべきことが多く大変だったと思います。

◇賑やかな小御所

ところで、小御所《こごしょ》の中は学問だけという堅苦しいことばかりではありませんでした。時には意外な人が訪れ、賑やかな場所であったことがわかります。

大永元年（一五二一）九月、小御所の中で太鼓打《たいこうち》や風流《ふりゅう》がありました（『実隆公記』など）。太鼓打とは文字通り太鼓を打ち鳴らすことですが、風流とは何を意味するのでしょうか。風流とは、中世の芸能の一つで、華美壮麗な衣装や仮装を身につけ、囃《はや》し物の伴奏で群舞《ぐんぶ》したものです。のちには、華麗な山車《だし》の行列や、その周囲での踊りのこともいいました。このときに太鼓を打ったのは、十七・八歳の関東の小入道であったといわれています。翌月には、狂言も催されています。

大永三年（一五二三）三月には、小御所で蹴鞠《けまり》が行われました（『実隆公記』など）。蹴鞠とは、数人が皮製の鞠を足で一定の高さに蹴り上げて、地面に落下させることなく、正格な動作で蹴る回数を競う遊戯です。蹴鞠を家業とする家としては、飛鳥井家《あすかい》が非常に有名です。同時に、闘鶏《とうけい》が行われたことも知られています。闘鶏とは、文字通り鶏同士を戦わせ、勝敗を競うものです。のちに宮中の行事にもなりました。小御所では娯楽も催されており、大変賑やかだった様子がわかります。

あまり詳しい記事は掲載されていませんが、後奈良は囲碁にも興じていたようです（『二水記』）。囲碁の起源は古く、平安時代から記録に見えます。『実隆日記』には囲碁に関する記事が数多く見えますが、記事が断片的であり、あまり詳しいことはわかりません。このように見ると、後奈良は教養が深く、多趣味であったことがわかります。同時に、小御所がなかなかの賑わいを見せていたことにも注意すべきでしょう。

◇天皇への道

幼少時から青年期にかけての後奈良は、歴代天皇のように聡明な人物であったといえます。ここでは、後奈良が天皇の座に就くまでにどのような儀礼が行われたのか、その過程を確認しておきたいと思います。

文亀《ぶんき》二年（一五〇二）十二月、後奈良が七歳のときに御着袴《ごちゃっこ》の儀が執り行われました（『実隆公記』など)。将軍・足利義澄《よしずみ》は剣と馬を贈り、これを祝っています。永正元年(一五〇四)十二月、後奈良が九歳のときに帯直《おびなお》しの儀が行われました。帯直しとは帯解《おびと》きともいい、幼児がこれまでしていた付け帯を止めて、普通の帯を初めて用いる祝いの儀式のことです。室町時代の上流階級では、男女とも初めは九歳、のちに男子は五歳から九歳までの間、女子は七歳のときに行うようになりました。七五三とは不可分の儀式といわれています。

永正三年(一五〇六)十一月、御眉作《おまゆつくり》、御歯黒《おはぐろ》の儀式が行われました(『実隆公記』)。後奈良は十一歳になっていました。眉作とは眉を描くことで、御歯黒とは歯を黒く染めることです。もとは女性だけの儀式だったのですが、平安後期から男性にも広がりました。御歯黒の素材は、鉄片を茶または酢の中に入れ、さらに、かゆ、酒、飴などを加えて酸化を促し、歯につきやすくするため五倍子粉《ふしのこ》を投入します。こうして後奈良は、時代劇でもお馴染みの、ぼってりとした眉毛に黒い歯の風貌となったのです。このような過程を経て、後奈良は大人への階段を一歩ずつ上がっていったのでした。

◇知仁と名乗る

永正九年(一五一二)一月、ついに後奈良の元服のことが奏事されました(『元長卿記《もとながきょうき》』)。後奈良は、十七歳になっていました。そして四月八日、後奈良には晴れて親王宣下《しんのうせんげ》があり、「知仁《ともひと》」という諱を与えられたのです（『公卿《くぎょう》補任《ぶにん》』など）。ところが例のごとく、「知仁」の名については、すんなりと決定したわけではありません。そのあたりの過程を少し確認することにしましょう。

実は、東坊城《ひがしぼうじょう》和長《かずなが》の勘進《かんしん》によって、いくつかの案が提示されました（『後《ご》法成寺《ほうじょうじ》尚通《ひさみち》記《き》』）。それらを列挙すると、次のようになります。

知仁、恭仁《うやひと》、斎仁《ただひと》、誠仁《さねひと》、正明《まさあきら》

こうした名前は、中国の古典などを参照して提案されたものですが、さまざまな「いちゃもん」がついたのです。たとえば、知仁は亀山天皇の第一皇子と同じ諱なのですが、「吉例ではない」という理由で非難されました。知仁がわずか三歳で亡くなっていたからです。その点がよくなかったのでしょう。誠仁《さねひと》は、後三条天皇の皇子・実仁と読みが同じなので避けたほうがよいだとか、正明の「明」字は歴代天皇も用いたが、下に「仁」字を用いたほうがいいなど、いろいろと難癖がつけられたのです。この中で、比較的評判がよかったのが恭仁でした。

重ねてさらに勘進が行われました。そこで提案されたのは、次のようなものです。

持仁《もちひと》、定仁《やすひと》、登仁《もろひと》

当然、この提案にも「いちゃもん」がつきます。まず、「持」字は「以仁《もちひと》」と音が通じるのでよろしくないとなりました。ご存知のとおり、以仁王は平安末期に後白河法皇《ごしらかわほうおう》に叛旗《はんき》を翻《ひるがえ》した人物です。きっと、不吉なことと考えられたのでしょう。「定」字は康仁《やすひと》と音が同じなので、憚るべきであるということになりました。康仁は光厳《こうごん》天皇の皇太子だったのですが（父は後醍醐《ごだいご》の子息・邦良《くによし》）、鎌倉幕府滅亡後に後醍醐から廃太子された人物です。やはり、縁起がよくないと考えられたのです。「登」字は、俗難であるといわれました。どれを取っても、ふさわしいものがなかったのです。

こうして名乗りについては、相変わらず作業が難航したのですが、主に一条冬良《いちじょうふゆら》、近衛尚通《このえひさみち》の意見が採用されて、「知仁」に決まりました（『実隆公記』）。冬良は兼良《かねら》の子息で、父には及びませんが、『古今和歌集』に通じるなど相当な知識人でした。冬良、尚通ともに関白《かんぱく》を務め、摂《せっ》関《かん》家《け》に属していました。二人の意見は重要視されたのです。そのあとは慣例にのっとって、粛々と儀式が行われたのでした。

永正九年（一五一二）四月二十六日、晴れて後奈良は元服を行います（『公卿補任』など）。しかし、財政負担が多く、装束にも事欠く状況にありました（『実隆公記』）。この点は、毎度のことといえるでしょう。そのため将軍・足利義尹《よしただ》は、元服式の費用として一万疋を献上しました。現在の貨幣価値に換算すると、約一千万円ほどです。このような事実を見る限り、朝廷の財政問題は相変わらず解決していないことがわかります。

◇父・後柏原の死と皇位継承

大永六年（一五二六）四月七日に後柏原が亡くなったのは、前章で記したとおりです。前章ではあっさりと記しましたが、実際には大葬《たいそう》の費用で問題が生じていたのです。この点について、主に『実隆公記』によって考えることにしましょう。

四月十四日、幕府は朝廷に対し、葬儀と践祚《せんそ》の費用として五万疋（約五千万円）を献上すると申し入れました。ところが、伝奏《てんそう》たちは費用が不足していると考え、先に後柏原の葬儀を行おうと考えました。これまで見てきたとおり、装束の準備などに費用がかなりかかることが予測されたからです。その後も朝廷は幕府と費用の支出をめぐって交渉を重ねましたが、さすがに六万疋（約六千万円）の準備は難しいとの回答を得ています。幕府も財政的にゆとりがなかったのでしょう。

四月十七日になると、徳大寺実淳《とくだいじさねあつ》が践祚と葬儀の費用総額を細川高国《ほそかわたかくに》に提示すれば、相応に措置してもらえるのではないか、との意見を提示しました。実淳の建言が効果を発揮したのか、幕府は朝廷に八万疋（約八千万円）を献上すると申し出ました。前回より二万疋の増額です。ただ、幕府にゆとりがなかったのか、この二万疋は六月に納めるとの通知が合わせてありました。明応の践祚・葬儀のときは、幕府から九万疋（約九千万円）が供出されたので、一万疋が不足しています。これも止むを得ないところでしょう。

さきほど費用不足の問題から、践祚よりも葬儀を先に実施すべきという意見を取り上げました。実際に、葬儀よりも先に践祚を行った先例はなく、朝廷は大変困惑していたのです。しかし、幕府から増額の回答を得て、すべてはスムーズに進むことになりました。践祚は四月二十九日に行われ、葬儀は五月三日に執り行われることが決まったのです。若き英主・後奈良にとっては、前途多難なデビューになったというところでしょうか。ところが、こうしたことですら、これから始まる苦難を考えれば、ほんの序章に過ぎなかったのです。

ちなみに五月三日の葬儀の手順を述べておくと、泉涌寺《せんにゅうじ》で火葬、般若三昧院《はんにゃさんまいいん》で法会《ほうえ》が行われました。火葬された遺骨は、四日に深草法華堂《ふかくさほっけどう》に納骨されました。後柏原が亡くなってから、ほぼ一ヵ月近く経過しています。この頃になると、亡くなってから速やかに火葬されるのではなく、かなりの時間が経過してから火葬するようになっていました。もちろん当時の技術で、それなりに遺体が傷まないような措置が施されたものと推測されます。

◇即位式への道

後奈良の父・後柏原が円滑に即位式を行うことができず、長く苦悩の日々を送ったことは、前章で詳しく触れたとおりです。では、後奈良の場合は、どうだったのでしょうか。確認しておきましょう。

後奈良の即位式挙行の機運が盛り上がったのは、天文《てんぶん》三年（一五三四）のことです。後奈良が践祚してから、すでに八年もの年月が流れていました。即位式挙行のきっかけとなったのは、周防《すおう》の大名である大内義隆《おおうちよしたか》の存在でした。天文三年十二月、義隆は後奈良の即位費用として、二十万疋（約二億円）もの大金を献上したのです。即位式の費用不足に頭を抱えていた朝廷にとっては、本当にありがたい話だったことでしょう。

こうして即位式挙行に弾みがついたのですが、そうそううまくは進みません。即位式準備の最中の天文四年（一五三五）一月、後奈良の母である豊楽門院が亡くなったので、どうしても式を延引せざるを得なくなったからです（『後奈良天皇宸記《ごならてんのうしんき》』）。延期は痛恨の極みでしたが、これは止むを得ません。諒闇《りょうあん》（喪に服する期間）が定められ、即位式の挙行は翌年に持ち越されることになってしまったのです。しかし、後奈良は着々と準備を進めました。五月には柳原資定《やなぎはらすけさだ》を即位伝奏に任命し、来るべき日に備えたのです（『後奈良天皇宸記』）。

即位式が挙行されるまで、後奈良は三条西公条に調度品が整っているかを点検させるなど、準備に余念がありませんでした（『後奈良天皇宸記』）。同時に、大内氏以外の諸大名からも、即位式の費用の献金があったことが確認できます。まず、天文四年（一五三五）十一月には、越前の朝倉孝景《あさくらたかかげ》から百貫（約一千万円）の献金がありました。天文五年二月には、美濃の土岐頼芸《ときよりなり》から十貫（約百万円）が寄せられています（『後奈良天皇宸記』）。こうして二月には、即位式の日取りも決められました。むろん挙行日に関しては、陰陽師《おんみょうじ》に諮《はか》られてから決定しています（『言継卿《ときつぐきょう》記《き》』など）。

後奈良の生母が亡くなるなどの問題も起こりましたが、即位式は天文五年（一五三六）二月二十六日に紫宸殿《ししんでん》で執り行われました。後奈良の悲願が達成されることになったのです。日頃、後奈良は歓喜天《かんぎてん》を信仰しており、即位式の実現をずっと祈念していました。そうした日々の信仰がようやく実ったといえるかもしれません。父・後柏原と比べれば、践祚してから十年の年月が経過していたとはいえ、早くに即位式が実現したことになるでしょう。しかし、後奈良は四十一歳になっていました。

◇目覚ましい義隆の昇進

さきほど、周防の大内義隆から即位式の挙行に際して、多額の献金が寄せられた事実を記しました。義隆に善意があったのはもちろんですが、裏には義隆なりの思惑があったのも事実です。その詳しい事情を見ることにしましょう。以下、今谷明氏の研究を参考にさせていただいています。

大内氏は義隆の父である義興《よしおき》の代から、朝廷にとってありがたい存在でした。それは前章でも述べたとおりです。義隆の代に至ると、周防・長門を中心にして、中国地方西部や九州北部に領土を拡張していました。中国地方に覇を唱えるには、対立する出雲の尼子《あまご》氏などがどうしても邪魔になる存在でした。そのための権威付けを行うため、朝廷への配慮を怠ることがありませんでした。

たとえば、享禄《きょうろく》二年（一五二九）七月には三条西実隆に物品を贈り（『実隆公記』）、十二月にも近衛尚通に贈っています（『後法成寺尚通記』）。こうした行動が善意でなく、何らかの見返りを期待したことは明らかといえるでしょう。なぜなら十二月二十三日、義隆が従五位上に叙されているからです（『歴名土代《りゃくみょうどだい》』）。つまり、ありていにいえば、高い位階を得るための運動資金ということができます。翌享禄三年（一五三〇）三月、義隆はお礼として、剣と馬を朝廷に献上しています（『後法成寺尚通記』など）。

これ以降、義隆の官位の昇進申請は止まらなくなりました。約半年後の享禄三年十月、義隆は左京大夫《さきょうのだいぶ》に昇進しました（『公卿補任』など）。その後も義隆は繰り返し繰り返し、尚通や朝廷に物品を贈るなどしています。これも官位を獲得するためと考えてよいでしょう。そして、天文元年（一五三二）十月には、正五位下・周防介《すおうのすけ》に任じられました（『歴名土代』）。さらに義隆は朝廷に物品などを贈り続け、ついに天文二年八月、筑前守《ちくぜんのかみ》を兼ねることになりました（『御湯殿上日記《おゆどののうえのにっき》』）。その様子は、次のように記されています。

大内左京大夫義隆は、ついこの前に周防介兼務を許されたところである。なのに、また筑前守を希望してきた。本日、それは勅許された。

この書き方をみると、朝廷でも「またか」といった印象を受けていたようです。とはいいながらも、朝廷にとって大内氏は大事な「お得意さん」でした。義隆が周防介に任じられたとき、朝廷は義隆から太刀と銭十貫（約百万円）を受け取っているのですから、文句のいいようがなかったのです。

◇悩ましい事態

極論をいえば、朝廷は金さえくれればよかったのです。それゆえ、義隆の官位昇進にも応じてきたのです。朝廷でさまざまな儀式や内裏の修理などの費用を賄うには、いうまでもなくお金が必要でした。官位を与えて、お金を受け取るというのは、ある意味「麻薬中毒」のようなもので、もう歯止めが効かなくなってしまっていたのでしょう。しかし、そうした対応にも、ついに限界が見られるようになるのです。

天文三年（一五三四）四月、義隆は位階をさらに上げて従四位下を与えられました（『歴名土代』）。五ヵ月後の九月には、後奈良の即位式に関連して、日華門《にっかもん》の修理費用を提供しています（『後奈良天皇宸記』）。日華門とは、平安京内裏の内郭にある紫宸殿前の大庭の東側の門のことで、西側の月華門《げっかもん》と向き合っていました。さらにそこから三ヵ月後の十二月、義隆は後奈良に対して、太宰大弐《だざいのだいに》を申請したのです。太宰大弐は大宰府《だざいふ》のナンバー2ですが、この時代には形骸化《けいがいか》していました。

申請を受けた後奈良は、これをいったん許可し、口宣案《くぜんあん》の作成を指示しています。しかし、どこか逡巡《しゅんじゅん》する気持ちがあったのでしょう。しばらくして後奈良は態度を硬化させ、義隆の太宰大弐の任官を拒否したのです。あれだけたくさんの献金を受けながら、義隆からすれば大ドンデン返しを喰らったということになるでしょう。『後奈良天皇宸記』には、詳しい理由が記されておらず、単に「大内義隆の太宰大弐は望ましいことではない」と記されているのみです。その理由に関しては、今谷明氏が明快な回答を提示しています。

そもそも大宰府の長官を意味する「帥《そち》」は、親王が任じられるものでした。その下には、「権《ごんの》帥《そち》」がいます。ところが、現実的に「帥」や「権帥」が現地に赴任することはないので、実質的に太宰大弐がトップになります。ちなみに太宰帥は従三位相当、太宰大弐は従四位下相当とされています。官位相当については問題なかったのですが、これまで武家では平清盛《たいらのきよもり》の例があったものの、それ以外には近年に例がないため、却下されることになったのでしょう。献金だけではどうにもならない、先例という難しい問題があったのです。

◇大内氏の動向と官途

ここで疑問に思うのは、大内義隆がここまで努力して手に入れた官位に、いかほどの価値があるのかという点でしょう。この問題に関しては、官位に実利性を認め、積極的に評価する論者と、あまり評価をしない論者に分かれて検討が進められてきました。実際のところは、どのように評価すればよいのでしょうか。大内氏の例で参考にしてきた今谷明氏は実利的官位として、その効果を認める立場から評価を行っています。この点は、当時の大内氏の状況から指摘を行っています。

南北朝期以降、筑前国は少弐《しょうに》氏の支配下にありました。少弐氏の本姓は藤原氏で、もとは武藤氏と称していました。しかし、代々「大宰少弐《だざいのしょうに》」を世襲していたことから、少弐氏と呼ばれるようになったのです。十四世紀後半以後、大内氏は筑前国に分郡守護として支配の足掛かりを作り、さらに少弐氏と抗争を繰り広げるようになったのです。おおむね十五世紀の半ば以降から大内氏の筑前支配が優越するようになり、少弐氏の退潮は誰の目にも明らかでした。以後、少弐氏にとって、打倒大内氏が悲願となるのです。

享禄元年（一五二八）七月、少弐資元《すけもと》は豊後の大友義鑑《おおともよしあき》と協力して、筑前回復を図ろうとしました。義隆の父・義興は少弐氏を討伐しようとしましたが、幕府の許可を得られず、失意のうちに同年末に亡くなっています。享禄三年（一五三〇）四月、義隆は少弐氏を討伐しようと軍勢を差し向けました。しかし、少弐氏は被官の龍造寺《りゅうぞうじ》氏の活躍もあって、肥前国で大内氏に勝利を得たのです。義隆は、当時近江国へ逃亡中の将軍・足利義晴《よしはる》に少弐氏討伐を申請しますが、受け入れられません。

天文元年（一五三二）九月、大友義鑑は豊後から筑前に侵攻しました。翌月、義隆は配下の領国に軍事動員を行い、十一月には陶興房《すえおきふさ》に命じて筑前に侵攻させています。以降、大内軍は筑前・肥前・豊後を転戦し、大友・少弐連合軍と死闘を繰り広げました。翌年から大内氏は攻勢に転じ、三月には少弐氏を筑前から追いやっています。翌四月には、少弐氏を肥前で攻撃し、ようやく義隆は筑前一国を支配下に収めました。しかし、大友氏と少弐氏は結束を強めて大内氏に対抗したので、油断できない状況に変わりはありません。

ここで、義隆が得た官途を改めて整理すると、次のようになります。

①天文元年十月――周防介
②天文二年八月――筑前守
③天文五年五月――太宰大弐

確かに一見すると、大内氏領国の受領官途《ずりょうかんと》が与えられていることがわかります。このことによって、当該国の支配を有利に展開したとも思えます。果たしてこうした任官には、いかなる評価が与えられているのでしょうか。

◇官途に効果はあったのか

当該期における義隆の立場について、今谷明氏は次のように説明しています。少し長いですが引用します（『戦国大名と天皇――室町幕府の解体と王権の逆襲』）。

義隆の立場としては、幕府から補任された筑前守護職がほとんど権威を失っていて、まだしも天皇の任命する「筑前守」の方が対少弐・対大友の軍事作戦上、効果が期待できようというものであったろう。換言すれば、律令的な国司制度の観念の復活であり、幕府による守護補任の代替的機能を果たしており、中央に対して求心力を持ちはじめた、ということである。

このあと続けて「天皇が義隆に『筑前守』を与えたことで、少弐・大友連合軍は対抗手段を失ったように見える」と指摘しています。こうした守護権威の失墜とともに、かつて天皇から任命された国司の権威が浮上するという説は、法制史研究者を中心に根強く支持されています。この状況に即していうならば、筑前国を支配する場合は、「筑前国守護」よりも国司を意味する「筑前守」のほうに価値が認められたということになります。このことを「在国受領官途の在地支配効果説」といいます。この点をどのように考えればよいのでしょうか。

結論だけを端的にいえば、最近の研究によって、いわゆる「在国受領官途の在地支配効果説」は疑問視されています。というのも、理由は実に簡単なもので、ある受領官途を獲得することによって、獲得した当事者が当該国の支配を有利に進めることができた、あるいは敵が恐れて怯《ひる》んだということを一次史料によって確認することができないからです。要するに、証明のしようがないということの一言に尽きます。ただ、一ついえることは、当事者が大金を積んで天皇から官途を獲得したということは、少なくとも当人は効果があると信じていたということになるでしょう。

大内氏の例に沿って、もう少し説明を加えることにします。

引用部分の一行目には、「幕府から補任された筑前守護職がほとんど権威を失って」とあります。幕府がある程度守護の任免を自由に行うことをできたのは、せいぜい十五世紀の中後半くらいまでで、以降はコントロールが効かなくなります。一例を挙げると、十五世紀中後半から急速に台頭した大名の例として、越前国・斯波《しば》氏配下の朝倉氏、出雲国・京極《きょうごく》氏配下の尼子氏を挙げることができます。この二人は守護に任命されることはなかったのですが、それぞれが当該国で実効支配を展開しています*。拙著『戦国誕生』でも指摘したとおり、守護職の意味は早い段階で失われているのです。

引用部分二行目の「天皇の任命する『筑前守』の方が（筑前国守護よりも――筆者注）対少弐・対大友の軍事作戦上、効果が期待できよう」という箇所に関しても、実証は極めて困難であり、本当にそうであったかは定かではありませんでした。この頃に守護職を与えられることは、当該国の実効支配を確約するものではありません。現実にこの場合も、少弐氏が力を持っており、大内氏に守護職が与えられたからといって、すぐに少弐氏が国外へ退去してくれる保証は全くないのです。ただ「もしかしたら」と、大内氏は考えたのかもしれませんが、あくまで期待や推測のレベルに止まっているのです。

一番問題なのが、「律令的な国司制度の観念の復活であり、幕府による守護補任の代替的機能を果たしており、中央に対して求心力を持ちはじめた」という三・四行目の部分です。実は、大内氏の例に限らず、自身が支配する国と同じ受領官途を持つ大名はほかにもいます。これが筑前国という局地的な現象なのか、全国的なものなのかは疑わしいところです。したがって、大内氏だけでも十分に実証されていないのですが、ほかの例を合わせ考えてみても、この説は支持することはできません。

このように考えると、続けて「天皇が義隆に「筑前守」を与えたことで、少弐・大友連合軍は対抗手段を失ったように見える」との指摘についても、疑問符を投げ掛けざるを得ません。少弐・大友連合軍が、対抗手段を失ったことを示す史料がないからです。少弐・大友連合軍にとってみれば、これまで敵対してきた大内氏が「筑前守」を獲得したからといって、ただちに降伏するわけにはいかないというのが自然ではないでしょうか。ただ、大内氏自身は「そうあってほしい」と願ったに違いありません。

以上のように考えてみるならば、今谷氏の指摘は誠に興味深いものがありますが、推測の域を出ないといえるでしょう。証明するには、一次史料による裏付けが不可欠です。ただ、繰り返しになりますが、官途を得ようとする当事者は何らかの効果を期待したと考えるのが妥当だと思います。

＊天文二十一年（一五五二）、尼子晴久は室町幕府から八ヵ国（出雲・隠岐・伯耆・因幡・美作・備前・備中・備後）の守護に任じられたが（「佐々木文書」）、実効支配が整ったあとの後付的な意味合いが大きく、補任されたことにさほど大きな意義は認められない。

◇戦国期の守護と国司

守護と国司のことについて、もう少し考えて見ましょう。水林《みずばやし》彪《あきら》氏は戦国期の守護職について、次のように述べています（『天皇制史論――本質・起源・展開』）。

守護職を権原とする領国支配が各地で進行すればするほど、大名を守護職に補任する幕府権力は衰退するのであり、その意味で、守護職の意義が減少することは避けられない。

この前段で水林氏は、戦国大名権力が実力闘争により領国に覇権を確立し、領国統治の実践により権力の実質的正当性を獲得することに依存していると指摘しています。加えて、何らかの形式的（法的）正当性の獲得が必要であるとし、守護職の重要性を指摘しています。先述のとおり、十五世紀中後半以降には守護職ではない朝倉氏や尼子氏が領国支配を展開しました。以後、すべての大名たちが幕府から守護に補任されたわけではありません。領国支配に守護職が所与の前提になっているのではなく、実効支配を確立してから、守護職を得るケースが増えるのです。

したがって、守護職に全く意味はないとまでは申しませんが、そもそも守護職補任が当該国の実効支配を確約するものでない以上、もう少し説明が必要ではないかと思います。私自身は、特に十六世紀前後を境にして、「誰がどの国の守護であったか」ということを確定することは、ほとんど意味がないと考えています。それは、繰り返しになりますが、現実に守護職に任じられた者と、実効支配を行っている者が相違していることが少なくないからです。この事実は、非常に重要であると思います。

このあとで水林氏は、守護職の意義が減少するのに対して、守護職に先行する国支配権原である国司を再評価して、次のように述べます（『天皇制史論――本質・起源・展開』）。

〈天皇―将軍―守護〉の権原体系において、将軍の権力が衰えるならば、戦国大名は当然に守護職にもまして国司に関心を示すようになろう。幕府権力が失墜し、その分、権力に裏付けられた権威が将軍から失われていくとすれば、各地の大名が復原体系の本源たる天皇に直接に連なろうとすることは自然であり、その天皇から直接に任じられる国支配の官職は国司にほかならないからである。

戦国大名が守護職以上に国司に関心を示したとありますが、こうしたことは実証されていないと思います。そもそもこの時代に観念としてでも、国司というものが意識されていたのか、甚だ疑問といわざるを得ません。たとえば、毛利氏は安芸国を本拠としていましたが、代々が与えられた官途は「備中守」です。永禄《えいろく》年間（一五五八～七〇）に至って、毛利氏は備中に侵攻しますが、それ以前から官途は「備中守」でした。毛利氏の歴代当主は、代々「備中守」を家の官途として名乗っていただけで、国司を意識しているとは考え難いのです。それは、ほかの大名でも同じであると考えてよいでしょう。

特に、「天皇から直接に任じられる国支配の官職は国司にほかならない」という説には、大きな疑問を感じざるを得ません。戦国期に与えられた受領官途がイコール国司になることは、全く実証がなされていないからです。あくまで観念の世界の話であって、それすら疑問符がつくのです。

このあとに続けて水林氏は、次のように指摘しています（『天皇制史論――本質・起源・展開』）。

「建武式目」が「守護職は上古の吏務」と規定したように、そもそも、律令官制における国司（上古の吏務）と幕府官制における守護職とはその働きにおいて等しいものと観念されていたのであり、守護職を求める大名の心性は必然的に国司へと志向していくことになった。

「守護職は上古の吏務」という言葉は、古代以来、国を実際に支配した国司になぞらえて表現したことは間違いないでしょう。しかしながら、それはあくまで「守護職」を「国司」にたとえたものにほかなりません。「建武式目」制定から二百年前後経過した段階で、大名が国司を志向したというのには、大きな飛躍があるといわざるを得ないでしょう。解釈に大きな無理があります。

堀新《ほりしん》氏は尾張・織田氏の例を挙げて、実利的官途の意義を批判しています。一言でいうならば、実利的官途を主張する論者は、史料に基づく実証性をほとんど伴っていないということになるでしょう。私も堀氏の説に賛意を示すところです。官途研究は観念的、抽象的な論から一歩進んで、実証レベルで論証することが不可欠といえるのです。最近では、木下聡氏による官途関係の一次史料の驚異的な調査に基づく研究によって、中世における官途の実態がかなり明らかにされています。この点は第五章で詳述します。

◇問われる官途の意味

官途がインフレ気味に濫発《らんぱつ》されたことは、今谷明氏が指摘するところです。たとえば、左京大夫という官途は、ほぼ同時期（天文初年頃）に数人が補任されています。名門大名家ならいざ知らず、東北の岩城《いわき》、大宝寺《だいほうじ》、大崎《おおさき》といった無名大名までもが与えられているのです。修理大夫《しゅりのだいぶ》に関しても、全く同じようなことがいえます。このような事態は、かつては考えられないことでした。むろん官途は無料ではなく、朝廷や幕府に対して献金をしなくてはなりませんでした。

肥後の相良《さがら》氏などは、宮内少輔《くないしょうゆう》という不相応な官途を手に入れていますが、口宣案を勅使・小槻伊治《おつきこれはる》から直々に拝領しています。これは、なかなか珍しい例です。その事実については、

『相良家文書』などに詳しく記されています。相良氏は官途を得たことについて、非常に大きな喜びだと、たびたび言葉に表しています。官途を与えられた当事者にとっては、大変名誉なことだったのです。ただ、当人にとってうれしいことであっても、他者がどのように認識したかは別の問題です。

他者が官途をどのように認識したのかという点は、さらに検討がなされる必要があります。次に、赤松《あかまつ》氏を例にして、官途授与の意味を考えてみたいと思います。

赤松氏は南北朝期の円心《えんしん》以来、播磨国の守護を務め、十五世紀以降は備前・美作の守護も兼帯しました。嘉吉《かきつ》の乱を起こした満祐《みつすけ》が、特に有名です。ところが、この乱ののち、赤松氏はいったん断絶状態に追い込まれます。その赤松氏も応仁《おうにん》・文明《ぶんめい》の乱で播磨など三ヵ国守護に復帰を果たしたものの、十六世紀から再び退潮に転じ、周囲の有力な領主層の台頭を許すことになります。政則《まさのり》のあとを継いだ義村《よしむら》は、配下にあった浦上村宗《うらがみむらむね》に討伐される始末でした。

討伐された義村のあとを継いだのが、子息の政村《まさむら》（のちに晴政《はるまさ》。以下、晴政で統一）です。晴政は波乱に富んだ人生を送りましたが、中でも最も危機的な状況にさらされたのが、天文七年（一五三八）から数年間続いた、出雲の尼子詮久《あきひさ》（のちに晴久《はるひさ》。以下、晴久で統一）による播磨国侵攻でした。このとき晴政は、後述するとおり逃亡生活を送ることになりますが、起死回生を図るため、金銭などと引き換えに「左京大夫」という官途を手に入れます。この点については、いくつかの説があります。

田中修實氏は一連の事実について、晴政が「播磨守」から家格を重視した「左京大夫」に任官することにより、美作・備前はもちろんのこと播磨においてもその統一の意思を放棄したという説を提起しています（「赤松氏守護管国における在国・隣国受領名官途の権威と構造――美作守・備前守の事例を中心に」）。ところで、この説の重大な問題点は、晴政が「播磨守」を名乗ったという事実を一次史料から確認していないことです。誰がいかなる官途を名乗ったのかを確定する際、系図などの記載を一次史料と照らし合わせることをせずに採用することは非常に問題です。この点は、重大な瑕疵《かし》といえるでしょう。

また、同時に問題なのは、晴政が「統一の意思を放棄した」という点で、このことは田中氏が晴政の事跡や播磨国の政治的状況を十分に調べないまま、結論を導いているといわざるを得ません。その当時の晴政の動向――尼子氏を撃退しようとする事実――を見れば、田中氏の説とは全く逆であったことが明白といえるでしょう。まず、当時の晴政の動向を考える前に、晴政の播磨守・兵部少輔・左京大夫任官の事実を確認したいと思います（田中氏は兵部少輔にも任官したと主張しています）。

晴政の左京大夫任官の事実は、次に掲出するに史料より、天文八年（一五三九）十一月であったことが確実であるといえます。

［史料1］『歴名土代』

源　晴政　同（天文）八十一廿。同日左京大夫。

［史料2］「赤松春日部家文書」

官途の事、左京大夫に任じられ、太刀一腰と御馬一匹を（将軍に）進上する旨、披露いたしましたところ、御内書を与えられるところとなりました。大慶の至りです。誠にめでたいことです。恐々謹言。

十二月三日　　伊勢守貞孝《（伊勢）》（花押）

謹上　赤松《（晴政）》左京大夫殿

以上の史料により、晴政が天文八年十一月二十日に左京大夫となり、名前を政村から晴政へ変えたことがわかります。晴政の名は、当時の将軍・義晴の「晴」字が与えられたものです。余談になりますが、義晴は「晴」字を数多くの大名たちに与えています。尼子晴久の「晴」字も義晴から与えられたものです。また史料2にもあるとおり、官途の拝領に際しては、太刀や馬などの贈答品を贈っています。これは天皇に対しても同じでした。官途授与は基本的に幕府を通して行われたので、幕府にとってもうまみがあったのです。

ところで一方、晴政は天文三年（一五三四）には左京大夫と呼ばれていたらしく、「西仙寺文書」には、「左京大夫」と署名した発給文書が残っています。『証如上人日記《しょうにょしょうにんにっき》』においても、天文八年以前に晴政を「左京大夫」（間違えて「右京大夫」と記している箇所もある）と記している箇所が随所に見受けられます。これは、いったいどういうことでしょうか。おそらく晴政は、自らが侍所《さむらいどころ》の家柄であることや、先祖が左京大夫であったことを根拠として、僭称《せんしょう》（勝手に高い身分の称号を名乗ること）していたものと考えられます。

では、晴政は実際に播磨守《はりまのかみ》や兵部少輔《ひょうぶしょうゆう》を名乗ったのでしょうか。播磨守は、赤松氏の庶流である赤松大河内《おおこうち》家が代々名乗った官途であり、晴政が播磨守に任官した事実を確認できません。そうなると、田中氏の説の根幹である「播磨守から左京大夫へ」という流れは否定されることになります。では、兵部少輔はどうでしょうか。晴政が兵部少輔に任官した事実も確認できません。しかし、政則、義村と代々が兵部少輔を名乗っていることから、その可能性は高いと考えてよいでしょう。ただ残念なことに、一次史料によって裏付けを得ることができないのです。

◇左京大夫任官の意味

次に、改めて田中氏が指摘する「晴政が播磨守から家格を重視した左京大夫に任官することにより、美作・備前はもちろんのこと播磨においてもその統一の意思を放棄した」という説の吟味を行いましょう。すでに触れたように、そもそも晴政が播磨守を名乗っていないので、この説は破綻しています。しかしながら、尼子氏の播磨侵攻時における晴政の対応を見れば、官途の持つ意味を考えることができると思います。

当該期における播磨国の状況は芳しいものではなく、晴政が別所《べっしょ》氏といった有力な領主層の台頭を許したことは紛れもない事実です。天文七年（一五三八）に尼子晴久が播磨に入国した際、次々に多くの有力な領主が晴政を裏切ったことがその証左といえるでしょう。播磨の有力な領主たちは尼子氏に従い、晴政に刃《やいば》を向けるようになったのです。しかし、晴政が左京大夫に任官することによって、播磨国の統治権までも放棄したとは常識的に考えてもおかしいといわざるを得ません。

むしろ、晴政は播磨国外へ逃亡しつつも、幕府や天皇の権威にすがりつき、あえて家格を重視した左京大夫という官途を手に入れ、巻き返しを図ろうとしているのです。『大館常興日記《おおだちじょうこうにっき》』を見ると、晴政が幕府に尼子氏の動静を逐一報告し、一刻も早い播磨への入国を希望している様子がうかがえます。やや時間を必要としますが、数年後に尼子氏は播磨を撤退し、出雲国へと戻ります。左京大夫の効果ではなく、当該期の尼子氏の事情によるところも大きいとは思いますが、晴政は念願だった播磨への再入国を果たすことになるのです。

以上の点から、左京大夫任官によって、晴政は播磨統一の意思を放棄したのではなく、むしろ粘り強くその回復に努力したと考えるのが自然です。しかし、天皇や幕府が尼子氏を排除するため、積極的に動いているわけではありません。では、晴政の左京大夫任官をどのように考えるべきでしょうか。田中氏は、晴政の左京大夫任官を身分的上昇と捉えていますが、必ずしもそうとはいい切れないようです。金子拓氏は、任官の契機について次の見解を示しています（「室町幕府の中の武家官途――その律令的官位制からの遊離をめぐって」）。

官途の授与、申請は恣意的であり、任官の契機として、世襲・名乗り・儀礼などがあげられ、任官所望の論理は必ずしも身分的上昇のみに求められるべきではない。

晴政の任官の契機とは、この場合尼子氏の播磨国侵攻と考えるのが妥当でしょう。晴政は父祖代々の名乗りである「左京大夫」に正式任官することによって、赤松氏当主としての自らの存在を主張し、播磨国回復を進めようとしたのです。その際、「左京大夫」という権威付けは、晴政にとって重要な意味を持ったと考えられます。しかし、晴政が左京大夫の官途を入手することにより、尼子氏を追い払うことができたのか、あるいは支配を効果的に進めることができたのかは全く別の問題です。少なくとも晴政本人が、「効果がある」と信じることに意味があったように思います。

朝廷や幕府は権力を持ちませんでしたが、権威は持っていました。その権威を利用するということには、さらに重要な意味があります。晴政は、すでに形式的な存在であったかもしれませんが、幕府・朝廷の権威にしがみつき、自らの権威を高めようとしたと考えられるのです。そうでなければ、わざわざ金銭や高価な物品を献上してまで、左京大夫という官途を得たいとは思わなかったでしょう。いずれにしても、田中氏の説は実証的に問題が多く、とうてい支持することができません。

◇綸旨の効果

後奈良の時代に至っても、綸旨を発給した例が見られます。次に、越後国の長尾為景《ながおためかげ》の事例について述べることにしましょう。

永正三年（一五〇六）に越後守護代となった為景は、景虎《かげとら》（のちの上杉謙信《うえすぎけんしん》）の父として知られています。翌年、守護の上杉房能《ふさよし》を滅ぼすと、自ら実権を握るため、その従兄弟の定実《さだざね》を守護に擁立しました。永正六年（一五〇九）には、関東管領《かんとうかんれい》の上杉顕定《あきさだ》（房能の実兄）に攻められて逃亡しますが、翌年には顕定を敗死に追い込みました。永正十年（一五一三）には、定実を抑えて国政を完全に掌握します。しかし、為景は定実を廃することなく守護代の地位に止まりました。一方で、上田、古志《こし》などの長尾一門や独立性の強い阿賀北の国人衆《こくじんしゅう》を配下に収めることはなかなか進展しませんでした。

そうした状況下の享禄三年（一五三〇）、定実の一族・上条定憲《さだのり》を中心に反乱が勃発しました。いったんは何とか収まったのですが、再び反為景方が結集し、天文四年（一五三五）には上田長尾氏や阿賀北の国人が上条《じょうじょう》氏方について攻めに転じているのです。為景は危機的な状況にあったのですが、頼みとする室町幕府は将軍・足利義晴が近江国朽木《くつき》に逃れており、全くあてになりませんでした。ところが、為景はここで一つの妙案を思いつきます。それは、天皇の権威を利用することでした。

天文四年（一五三五）一月、定憲は為景の拠点である下倉山《したくらやま》城を攻撃し、いよいよ深刻な状態に陥りました。そして六月になると、為景は朝廷に対してある申請を行います。それは長尾家がかつて拝領し、長らく同家に伝わった御旗《みはた》を紛失したので、新調したいという内容でした（『上杉家文書』）。すでに今谷明氏が指摘するように、たかが地方の越後の一守護代に対して、天皇が旗を授与することは考えられません。したがって、これは「ウソ」であると考えるのが自然です。

ところが朝廷にとって、これは献金を得る絶好のチャンスでした。朝廷はこの申請を拒否するどころか、「これからは箱の底に納め、累代の家宝にするように」と許可しているのです。周到な根回しがあったことでしょうが、これは為景にとってもありがたいことでした。翌天文五年二月、綸旨《りんじ》は交付されることになりました。長尾家ではこれに感謝の意を表し、百五十貫文(約千五百万円)の謝礼を届けているのです。旗一つで約千五百万円の献金が懐に入るのですから、実にうまみのある話でした。

綸旨を拝領した為景は誠に心強かったかもしれませんが、現実には綸旨一通で領国が安定的に運営できるわけではありません。やがて為景は、天文八年(一五三九)頃に家督を長男の晴景《はるかげ》に譲ることになりました。実は、晴景も綸旨を朝廷に請い、拝領することになるのです。晴景も朝廷の権威を利用しようと考えたのです。『上杉家文書』には、何通かその事実を示す史料が残っています。しかし、晴景も劣勢を巻き返すことができず、天文十七年(一五四八)には弟の景虎に家督を譲らねばならなくなりました。綸旨は、あまり効果がなかったようです。

このように見ると、綸旨は官途と同じく、金銭と引き換えに交付されたのは事実といってもよいでしょう。長尾為景のように「ウソ」をいっても、お金があれば別だったのです。その効果は官途と同じく、本人が「あるに違いない」と考えていたと思いますが、実際の効果はさほどなかったと見るべきです。よく考えてみると、綸旨一枚で相手が「即降参」などという事態は、とうてい想定できません。しかし、自らの権威付けのため、綸旨（あるいは官途）を申請するという仕組みは再生産されていたのです。

◇公家との関係

ところで、いわゆる「売官」的なものは、武家に与える官途だけに限りませんでした。公家や寺院に関しても、同じようなことがあったのです。この点について、触れておくことにしましょう。

公家については、最初に一条房冬《ふさふゆ》の例を挙げておきたいと思います。房冬は房家《ふさいえ》の子息で、この頃は土佐国に下向していました。もちろん摂関家という公家の名門中の名門でした。のちに一条氏は土佐国で領主化を遂げますが、その基盤を作った人物でもあります。土佐にいるということは、房冬が朝廷で奉仕すべきところをサボっていたということです。ただ、房冬は大永三年（一五二三）八月に権中納言《ごんちゅうなごん》になり、以後もそれなりに昇進を遂げていることが確認できます（『大中納言参議等宣旨』）。

ところが、順調に昇進を遂げていた房冬も事件に巻き込まれることになります。天文四年（一五三五）十一月、伏見宮《ふしみのみや》の仲介によって、房冬は左近衛大将《さこのえのだいしょう》に任じられることが内定していました（『後奈良天皇宸記』など）。しかし、このとき房冬から一万疋（約一千万円）が献上されるということについては、後奈良に報告されていなかったのです。些細なことだったかもしれませんが、このことが後奈良の逆鱗《げきりん》に触れたのです。この事実を漏れ聞いた後奈良は、「言語道断。是非なき次第である」と激怒しました。

ただ、左近衛大将の件が反故《ほご》になると、仲介した伏見宮の面目は丸つぶれです。それは何とか避けたいと、後奈良は考えたようです。そこで、後奈良は配慮する意を表明し、左近衛大将を房冬に与えることを許可しましたが、一万疋は返却することを決めたのです。房冬は晴れて左近衛大将に任官されましたが、一万疋はとうとう返されてしまったのです。一万疋という高額な献金は、きっと喉から手が出るほど欲しかったに違いありません。後奈良には、こうした芯の強さがあったのです。

このように、後奈良が公家の昇進について反対した例は、いくつか確認することができます。天文四年（一五三五）三月、烏丸光康《からすまみつやす》は正四位下を申請しました（『後奈良天皇宸記』）。烏丸家の家格は名家《めいけ》で、京都の烏丸に住し、その地を名字にしました。ところが、この申請は後奈良によって拒絶されました。詳しい理由は記されていません。十月三日になって武家から改めて書状によって奏上《そうじょう》されましたが、返事はありませんでした。許可されたのは十月二十四日になってからでした。

同じ年の六月三日には、将軍執奏《しっそう》によって日野晴光が四位《しい》に叙せられました。日野家は名家の家格でしたが、代々将軍である足利氏と姻戚関係にあったので、隠然たる勢力を誇っていました。今回の一件は、文字通り将軍からの「口利き」だったのです。後奈良は晴光が四位に叙せられることに反対であったようで、「曲事の極まりないことである。そのように思うところであるが、やはり四位に叙せられてしまった」と感想を漏らしています。後奈良が、このような秩序の乱れを非常に気にしていた様子がうかがえます。

◇尊号の授与

次に、僧侶に対する尊号《そんごう》の授与に目を転じてみましょう。寺院関係者に対しては、死後、天皇から国師《こくし》号、禅師《ぜんし》号、大師《だいし》号、上人《しょうにん》号、香衣《こうえ》の勅許が行われました。最初に、それらの用語の解説をしておきます。

①国師号――朝廷から禅宗・律宗・浄土宗の高僧に贈られた称号のことで、仏教の師として

尊敬すべき有徳の僧に対して贈られる。
②禅師号——朝廷から高徳の禅僧に対して与えられる称号。
③大師号——朝廷から高僧に対して贈られる大師の尊号。
④上人号——朝廷から高僧に対して贈られる上人の尊号。
⑤香　衣——乾陀《けんだ》の樹皮で染めた僧服で、黄に黒みを帯びた色をしており、袈裟の色として定められたものの一つ。

死後、こうした称号を得られることは、亡くなった僧侶も非常に名誉なことだったのですが、朝廷にとっても大きな収入源であったのは事実です。国師号では、謝礼が五千疋（約五百万円）程度でした。禅師号では五百疋（約五十万円）まで値下がりし、上人号や香衣勅許では引合十帖＋二百疋（約二十万円）または小高檀紙十帖＋三百疋（約三十万円）くらいが相場であったといわれています。額としては小さいものもありましたが、「塵も積もれば山になる」ということになるのでしょうか。貴重な収入源であったのは事実です。いくつか実際の例を確認することにしましょう。

天文四年（一五三五）五月、後奈良は亡くなった大徳寺宗松《だいとくじそうしょう》に対して、大猷慈済禅師《だいゆうじさいぜんし》の称号を贈りました（『後奈良天皇宸記』）。宗松は妙心寺、大徳寺の住持を務め、明応三年（一四九四）には美濃の斎藤利国《さいとうとしくに》に招かれ、大宝寺《だいほうじ》を開いたことで知られています。大永二年（一五二二）六月二十一日に宗松は亡くなりました。宗松の禅師授与を斡旋《あっせん》したのは、菅原長雅《すがわらのながまさ》でした。後奈良は次のように感想を漏らしています。

謝礼として贈られたのは、盆香《ぼんこう》と五百疋だけで誠につまらないものである。このことについて、以後は何も申してならないと菅原長雅の老母にいった。ただ笑うしかない。

とはいいながらも、生活のためには止む得ないことだったのです。痛し痒しというところだったように思います。

◇勅願寺の設定

戦国期に至って、勅願寺《ちょくがんじ》が設定されていたことが脇田晴子氏によって指摘されています。本来、勅願寺とは天皇の発願によって鎮護国家、皇室安全を祈念するために建立された寺院、またはその目的のために指定された既存の寺院を意味します。御願寺《ごがんじ》、勅願所と称されることもあります。

最初の勅願寺は聖徳太子が創建し、舒明《じょめい》天皇・天武《てんむ》天皇が移転・改称を行った奈良の大安寺《だいあんじ》とされています。奈良時代には文武《もんむ》天皇の薬師寺《やくしじ》、聖武《しょうむ》天皇の東大寺《とうだいじ》があり、また天平《てんぴょう》十三年（七四一）に聖武天皇の勅願によって、諸国に建立された国分寺《こくぶんじ》・国分尼寺《こくぶんにじ》があります。平安時代以降では、桓武《かんむ》天皇の東寺《とうじ》・西寺《さいじ》・延暦寺《えんりゃくじ》、嵯峨《さが》天皇の大覚寺《だいかくじ》、光孝《こうこう》天皇の仁和寺《にんなじ》、醍醐《だいご》天皇の醍醐寺《だいごじ》などがあります。鎌倉時代には、亀山《かめやま》天皇の南禅寺《なんぜんじ》が創建されました。いずれも著名な寺院ばかりです。

ところが、戦国期に入ると、既存の寺院が申請によって、次々と勅願寺に設定されました。その例は多数に上りますが、美濃国の瑞龍寺《ずいりゅうじ》や善恵寺《ぜんけいじ》は、土岐氏配下の斎藤妙椿《みょうちん》の奔走によって勅願寺になっています。北条早雲《ほうじょうそううん》の菩提寺である相模・早雲寺《そううんじ》も、天文十一年（一五四二）に勅願寺になりました。脇田氏が指摘するように、既存寺院や新興寺院が寺格を上げるためには、勅願寺になることが最も早い方法でした。むろん、勅願寺として認められるには、相応の金銭が必要だったのです。

◇行えなかった大嘗祭

歴代天皇の即位式が行われなかった例について、これまで挙げてきました。もう一つ行えなかった重要な儀式として、大嘗祭《だいじょうさい》を挙げることができます。大嘗祭は大嘗会《だいじょうえ》ともいい、古代以来続く天皇即位の儀式でした。その内容とは、天皇が皇祖神に年毎の稲の初穂を供えて共食する祭りを新嘗祭《にいなめさい》といいますが、ほぼ同じ内容の儀式を天子一代に一度の大祭として執り行うものでした。古代以来、大嘗祭を行うことによって、新しい天皇の資格が完成するとされてきたのです。

ところが、大嘗祭そのものは、十五世紀半ば頃から実施されてきませんでした。これまた後奈良にとっては、実につらいことだったのです。父・後柏原や祖父・後土御門らも行っていないので、おそらく残念に思ったに違いありません。

天文十四年（一五四五）八月二十八日、後奈良は大嘗祭を実施できなかったことについて、伊勢神宮に謝した宸筆宣命《しんぴつせんみょう》（天皇の命令などを伝える文書の様式の一つ）を奉納しています（『東山御文庫記録《ひがしやまごぶんこきろく》』）。この宣命は、当時の世相や後奈良の心中をうかがい知るうえで、実に興味深い史料です。少し内容を確認しておきましょう。

冒頭の部分で、後奈良は天皇になりながらも大嘗祭を行えなかった理由について、自身が怠ったのではなく国力の衰微があったとしています。在任して二十年が経過するものの、未だ所願を満たしていないとし、その理由を次のように提示しています。

①公道（世間一般に通用する正しい道理。公正な道。正義）が行われていないこと。
②賢聖有徳の人がいないこと。
③下克上《げこくじょう》の気持ちが強く、最悪の凶族がはびこっていること。

一言でいえば有為な人材が払底し、人心の乱れていることがわかります。そのような影響もあって、各地からの年貢が納められず、諸国の武士が年貢を押し取り、諸社の神社も退転（衰えること）している状況であるといいます。このままでは皇位の継続も困難となり、公家の官途も閉塞《へいそく》する状況になることが憂慮されているのです。この状況を打開するには、ひたすら神明の加護と神威を頼むしかなく、一刻も早く上下が和睦して平和な社会が到来し、民戸が豊饒《ほうじょう》し、皇室が長久であることを願っているのです。

このように宣命を一読すると、一刻も早い秩序の回復を願っていることがうかがえます。後奈良の気持ちは、大嘗会を速やかに行って欲しいということだけに止まっていません。繰り返しになりますが、天皇は自前の軍隊を持っていませんので、自ら諸国を鎮圧するわけにはいきませんでした。神仏に祈り、願うことにしか過ぎなくても、それしか手段がなかったのです。

◇災害への対応

前章までで、戦国期の歴代天皇が災害に心を痛め、時に祈禱などによって早く鎮まることを祈念した例を示してきました。後奈良も同じことを行っています。

天文九年（一五四〇）正月、東寺の弘法大師《こうぼうだいし》像が発汗したことから、不吉なことである、と噂されました。天文九年（一五四〇）は年初から激しい飢饉に見舞われ、その噂が現実化したのです。飢饉の理由は、前年に発生した大雨・洪水とイナゴの虫害が大きく影響していました。春になると再び大雨・洪水が発生し、不衛生な環境から疫病が大流行し、都では死者が続出しました。天候不順・飢饉・疫疫は、畿内やその周辺部に限らず、中部・関東方面でも確認されており（『妙法寺記』など）、全国的な広がりを持ったといわれています。

京都では、どのような事態に陥っていたのでしょうか。醍醐寺理性院《りしょういん》の僧侶である厳助《ごんじょ》は自身の日記の中で、毎日六十体ほどの遺体が上京《かみぎょう》・下京《しもぎょう》合わせて遺棄されていたことを記しています（『厳助往年記《ごんじょおうねんき》』）。惨劇であったとしかいいようがありません。そのため誓願寺《せいがんじ》では、非人施行《ひにんせぎょう》が行われました。この場合の非人施行とは、病の者を看病し、米や食糧を施すことです。この地獄絵図について厳助は、「七百年来の飢饉」「都鄙《とひ》で数千万人の死者」と記しています。死者が数千万であるというのは過大ですが、それくらいの大飢饉であったことを表現しています。

現在でも自然災害に関しては、いかんともし難いものがありますが、当時はなおさら対応し切れなかったことでしょう。現在の土木工事、農業、医療の水準と比較すれば、当時の人々は指を加えて見ているしかないというのが現実だったからです。強いていうなら祈禱を行い、神仏にすがるしかありませんでした。しかし、厳しい食糧難と続出する死者の前には、ただ呆然とするしかなかったのです。

この事態に対して、最初に動き出したのは幕府でした。幕府は疾疫《しつえき》が流行していることから、内談衆《ないだんしゅう》を集めて改元のことを協議したのです。これまで述べてきたとおり、改元を行う理由の一つとして、天変地異、疾疫が挙げられます。ただ、やはりどうしてもネックになるのが、改元の費用でした。皮肉なことに各地で飢饉が進行したので、余計に年貢が入りにくくなっていました。いろいろと検討はしたのですが、結局は沙汰止みということになりました（『大館常興日記』）。むろん、改元を行ったところで、事態が好転するわけではありません。

しかし、危機的状況を放置しておくわけにはいきません。天文九年五月十二日、細川晴元《はるもと》は幕府に対して、諸国で疾疫が流行しているので、北野経王堂《きたのきょうおうどう》で施餓鬼《せがき》を行うように提案しました（『大館常興日記』）。施餓鬼とは、もともと餓鬼道に落ちて飢餓に苦しむ亡者（餓鬼）に飲食物を施す意味があり、浄土真宗《じょうどしんしゅう》以外で行われています。この場合は、無縁の亡者のために行う読《ど》経《きょう》や供養という意味になります。この日、五山僧《ござんそう》を招いて、盛大な施餓鬼が執り行われました。

もはや、このような対応しかできなかったのです。

後奈良も飢饉や疾疫に対して、心を痛めたことでしょう。天文九年六月、後奈良は自ら筆を執って「般若心経《はんにゃしんぎょう》」を書写し、諸国の一宮《いちのみや》に奉納しました（『大館常興日記』）。金泥《こんでい》（金色の文字）で記された、非常に美しい「般若心経」です。「般若心経」は醍醐寺三宝院《さんぼういん》の義堯《ぎぎょう》に命じて供養を行わせ、同時に不動修法《ふどうしゅほう》（不動明王を本尊として、安全息災などを祈る法）を命じて、悪疫の終息を祈らせたのです。「般若心経」が奉納された諸国の一宮は次のとおり、二十五ヵ国にわたりました。

河内、伊勢、尾張、三河、遠江、駿河、陸奥、越前、加賀、但馬、備前、出雲、周防

豊前、肥前、肥後、日向、近江、信濃、越後、甲斐、伊豆、上野、下野、安房

宸筆による「般若心経」は、勅使によって各一宮に届けられました。現在では、七ヵ国（安房、伊豆、甲斐、三河、越後、周防、肥後）の「般若心経」が残っています。後奈良の筆跡や料紙は非常に美しく、国の重要文化財に指定されています。「般若心経」の奥書には、次のような後奈良の言葉が記されています。

今年は天下に大疫が発生し、多くの民が亡くなってしまった。私は民の父母として、徳で救うことができなかった。甚だ心が痛むところである。そこで、密かに「般若心経」一巻を金色の文字（金泥）で写し、義堯をしてこれを供養させた。請い願わくば、疾病の妙薬となることを祈るばかりだ。

この一文を読めばわかるとおり、後奈良は「民の父母」として、大変心を痛めていたことがわかります。現在の天皇のように、被災地を直接訪問するわけにはいかなかったのですが、「般若心経」を納めることにより、一刻も早い事態の収拾を願ったのです。こうした点で「聖主」でありたいという後奈良の気持ちが伝わってきます。現在までこの「般若心経」が残っていることは、誠に僥倖《ぎょうこう》といえるでしょう。

◇内裏の修理費用

ところで、この未曾有の災害、大飢饉は、内裏にも大きな影響を与えました。天文八年（一五三九）八月、「百年以来洪水」が発生したのです（『蜷川親俊日記《にながわちかとしにっき》』）。この大洪水は京都だけでなく、畿内周辺にも広がりました。多くの記録類が、この事実を示しています。この影響によって、内裏は大きく破損し、甚大な被害を受けてしまいました。小さな被害であれば多少の費用で直せたのですが、今度はそういかなかったようです。頭を抱える事態だったといえるでしょう。

翌天文九年三月、後奈良は関白の近衛稙家《たねいえ》を通じて、幕府に内裏の修理について打診をしました（『御湯殿上日記』）。ところが、幕府とて潤沢な財政があったわけではなく、六角定頼《ろっかくさだより》と協議を行っています。その結果、幕府は諸国の大名に対して、御修理料段銭《ごしゅうりりょうたんせん》として国ごとに百貫文（約一千万円）を徴収するよう諸国の大名に命じたのです（『御湯殿上日記』）。同時に、足利義教《よしのり》の百年忌の仏事銭も求められました。しかし、そうこうしているうちに、五月十四日には再び大洪水に見舞われています（『大館常興日記』）。踏んだり蹴ったりとは、まさにこのことでしょう。

結果はどうだったのでしょうか。豊後の大友義鑑《よしあき》に対しては、五月八日に修理料として二百貫文（約二千万円）を十二月までに納入するように命じています（『大友家文書録』）。二百貫文は、八月頃には納入されたと考えられています。催促に応じたのは大友氏だけはありません。越前の朝倉孝景《たかかげ》も、九月に百貫文（約一千万円）を献上しています（『大館常興日記』など）。朝倉氏は、後奈良が即位式を挙げる際にも、資金的援助を惜しみませんでした。そうしたことを考えると、朝倉氏は後奈良にとって大変ありがたい存在だったのです。

ただ、各地の大名がすべて朝倉氏のように、ただちに納入に応じたわけではありません。たとえば、能登の畠山義総《はたけやまよしふさ》は、九月に足利義教の百年忌の仏事銭を納入しました（『大館常興日記』）。しかし、御修理料段銭に関しては勘弁して欲しい、と泣きを入れてきたのです。畠山氏も財政的なゆとりがなかったのでしょう。伊勢の北畠具教《きたばたけとものり》も、同様に納入を断ってきました。すべての大名が財政的に潤っているわけではなく、いくら朝廷の命令とはいえ、どうしても断らざるを得ない場合もあったのです。

新興勢力が資金を献上する例もありました。天文十年（一五四一）八月、筑前の麻生興益《あそうおきます》は三万疋（約三千万円）もの大金を献じています（『大館常興日記』）。麻生氏は下野・宇都宮氏の諸流で、鎌倉期に筑前国遠賀《おんが》郡麻生郷（福岡県北九州市）に本拠を定め、名字の地としたといわれています。室町期には、大内氏の配下として活動しました。興益はこの献金により、勅命によって幕府から御供衆《おともしゅう》に連なるという栄誉を得ました。つまり、将軍の直臣《じきしん》になったのです。やはり、高額の献金をすることには、大きな意味があったのです。

ところで、高額な献金で忘れてはならないのが、尾張の織田信秀《おだのぶひで》による四千貫文に上る献金のことです（『多聞院日記《たもんいんにっき》』）。四千貫文といえば、約四億円という非常な大金です。信秀は周知のとおり信長《のぶなが》の父ですが、当時はまだ尾張下四郡を支配する守護代・清洲《きよす》織田氏の配下にある、清洲三奉行の一人に過ぎませんでした。その証拠に『多聞院日記』には、「織田信秀という者が修理料として、四千貫文を献上したという。事実であるならば、考えられないような大事業だ」

と感想を漏らしているほどです。

信秀のありがたい経済的支援に対しては、勅使の派遣を行っています。後奈良は連歌師の宗《そう》牧《ぼく》に依頼し、信秀宛の女房奉書《にょうぼうほうしょ》を届けるように託しています。連歌師には、こうした役割が課せられたことがあったのです。このときの旅程に関しては、宗牧の『東国紀行《とうごくきこう》』に詳しく描かれています。

こうして後奈良は各地の大名に資金提供を呼びかけ、何とか内裏の修理を行ったのです。その代わり、大名には目に見えない相応の見返り、つまり官途などの獲得があったことは重要でしょう。諸大名にとっては、官途という栄誉を手にする大きなチャンスであり、喜んで献金に応じることがあったのです。

◇私年号の使用

前章までに改元の事例を取り上げてきましたが、ここで私年号《しねんごう》の問題について考えてみたいと思います。原則として、改元は朝廷と幕府が協議しつつ定めていましたが、実際の決定権はいうまでもなく朝廷側にありました。ところが、戦国期に至ると、関東を中心にして徐々に私年号が姿を現すようになりました。私年号とは、言葉が示すように一部の限られた地域で特定の人々が私的に用いた年号のことです。生まれた背景には、大雨・凶作・飢饉・疾病などの悲惨な農村状況があったといわれています。

また、私年号とまではいかなくとも、改元に従うことなく、何年も古い年号を用い続ける例もありました。私年号について、いくつか例を挙げておきましょう。

①永喜《えいき》——栃木県鹿沼市上永野の今宮神社に伝わる餅板《もちいた》（一辺二十五センチの正方形の杉材）には、「永喜二年」と下面に朱書きされています。これまでの研究によって、「永喜二年」は大永七年（一五二七）に相当することが判明しています。栃木県小山市須賀神社の和鏡銘などにも見られる私年号です。

②命禄《めいろく》——「命禄」年号は伊豆三島社で作成され、東国一帯に流布し使用されていたと指摘されています。たとえば、山梨県韮崎市の勝手神社の石鳥居には、「命禄」年号が刻まれています（「天禄」と改刻の跡がある）。この年号は、武田信虎《たけだのぶとら》（信玄《しんげん》の父）が発給文書で使用していたことが指摘されています（「津金元衛氏所蔵文書」）。

ほかにも類例はありますが、こうした私年号は文書史料をはじめ、建築物、板碑、過去帖といった史料に残されています。戦国期において、天皇は関東の諸大名とはあまり交流がなかったようです。こうした側面から、関東が畿内近国より西の地域とは、多少年号に関する考え方が違っていたようにも感じます。一般的に私年号は、大名サイドから制定されたものではなく、庶民の間で自然に使われていました。私年号を用いるということについて、朝廷や幕府が対策に乗り出したことはなかったようです。

しかしながら、西国では私年号が積極的に使用された例は、ほとんど見られませんので、文化圏などの問題も含めて考えるべきかもしれません。

◇後奈良の学問、信仰など

本章の最初で触れたとおり、後奈良は歴代をならって、学問、芸能、和歌・連歌に精進しました。

後奈良は自身の日記として、『後奈良天皇宸記』(または『天聴集《てんちょうしゅう》』ともいう)を残しています。『天聴』とは、「天皇が聞くこと、知ること」を意味します。また、『蓂明抄《めいめいしょう》』という異称もあります。この異称は、古代中国の瑞草蓂莢《ずいそうめいきょう》にちなんで名付けられました。執筆された期間は、天文四年(一五三五)から同十五年(一五四六)までで、原本は宮内庁書陵部と東山御文庫にそれぞれ所蔵されています。活字本では、臨川書店刊行の『続史料大成』に入っており、誰でも気軽に読むことができます。

家集としては、『後奈良院御集』『後奈良院御百首』『発句集』などがあります。また、注目すべきは、永正十三年（一五一六）に成立した『後《ご》奈《な》良《ら》院《いん》御《ぎょ》撰《せん》名《な》曾《ぞ》』という書物です。中世には貴族の間で、ことば遊びの一種「なぞなぞ」が盛んだったのですが、その撰集というべき書物です。「なぞなぞ」は、表現の多義性、類犠牲、同音異義性などを利用して作られますが、後奈良の頭の回転の速さをうかがい知ることができるでしょう。この書物に関しては、江戸後期の嘉《か》永《えい》二年（一八四九）に国学者の本居《もとおり》内遠《うちとお》（本居宣長《のりなが》の子孫）が『後《ご》奈《な》良《ら》院《いん》御《ぎょ》撰《せん》何《な》曾《ぞ》之《の》解《かい》』という解説書を書いています。

次に、後奈良の信仰に目を転じてみましょう。

後奈良が特に信仰していたものとして、歓喜天《かんぎてん》が知られています。歓喜天とは、頭は象、身体は人間の姿をした仏法の守護神のことです。もともとはインド神話の魔王だったのですが、のち仏教に取り入れられました。歓喜天には単身像と双身像とがありますが、双身像は男神と女神とが抱擁する姿をとることが多いとされています。夫婦和合・子宝の神として、歓喜天は信仰されたのです。日本における歓喜天信仰は、平安時代から始まったと指摘されています。

この天部を信仰する者は、種々の願望を満たし、盛名・高官に叙し、財宝を得、癲狂《てんきょう》・疥癩《かいらい》の病を治し、悪者の迫害を逃れる、といわれました。後奈良は清荒神《きよしこうじん》（清澄寺《せいちょうじ》・兵庫県宝塚市）や鞍馬寺《くらまでら》（京都市）などに代参《だいさん》を行い、あるいは宸筆の御経を納めるなどしています（『後奈良天皇宸記』）。代参とは、自身が直接参ることができないので、代わりに参らせることを意味します。そして、天下泰平や安穏を祈念しているのです。

◇後奈良の最期

このように後奈良は波乱の人生を送ったのですが、弘治《こうじ》三年（一五五七）九月五日に亡くなりました（『公卿補任』など）。六十歳でした。残念ながら、詳しい病名などはわかっていません。ただ、亡くなる以前に病気の記事がいくつか見えるので、何らかの病に罹《かか》っていたのは事実と考えてよいでしょう。追号は、「後奈良」に決定しました。この追号は、平城《へいぜい》天皇の別称である「奈良帝」に「後」の字を付けたものになっています。

ところで、後奈良の遺骸ですが、泉涌寺《せんにゅうじ》で火葬されたのは十一月二十二日のことでした（『御湯殿上日記』）。なんと亡くなってから、七十日あまりが経過していたことになります。これまでの最長記録です。ただし、このときも遺体が傷まないように、水銀などで処置を施すなどしていたと思います。遺骨は、深草法華堂《ふかくさほっけどう》とに納められました。陵は深草北陵にあります。

この頃、幕府の権威はすっかり地に落ち、十三代将軍・義輝《よしてる》は朽木《くつき》（滋賀県高島市）に逃れており、全く将軍として機能していませんでした。代わりに台頭したのが、三好長慶《みよしながよし》でした。朝廷は後奈良の葬儀費用を準備すべく、長慶に京都市中に六百貫文（約六千万円）の棟別銭《むねべつせん》を課すように依頼しました。しかし、棟別銭の賦課は効果がなく、葬礼の翌月になって、ようやく大坂本願寺と北畠具教《きたばたけとものり》が香典を献上するありさまでした。その額は、合わせて二十貫文。約二百万円というスズメの涙ほどのものでした。

後奈良のあとを受けて、天皇になったのは、第一皇子である方仁《みちひと》でした。正親町《おおぎまち》天皇のことです。践祚を行ったのは、父が亡くなって五十日余りを経た十月二十七日のことでした。このとき、正親町はすでに四十一歳という年齢になっていました。後奈良も在位中に譲位を行い、「治天《ちてん》の君《きみ》」にはなれなかったのです。

ところで、正親町天皇のスタートは悲惨なものであったといわざるを得ません。なぜなら、将軍・義輝が朽木に逃れていたため、即位の礼を行うことがほぼ絶望的だったからです。仮に義輝が京都にいたとしても難しかったでしょう。践祚した翌年二月、代替わりということで、年号は「永禄《えいろく》」に改元されました。改元は幕府不在の中で行われたもので、その情報が幕府のもとに届いたのは六月のことでした。幸か不幸か情報を知らなかった義輝は、旧年号の「弘治」を用いて御内書《ごないしょ》などを発給していたのです。ましてや、これまでのように改元には関与することができませんでした。

本書の範囲は、後奈良天皇までです。正親町天皇以降についても、誠に興味が尽きないところですが、改めて執筆の機会を持ちたいと思います。

第五章◇天皇はなぜ生き残ったのか

◇天皇は貧乏だったのか

「はじめに」で触れたとおり、戦国期の天皇は、近世における編纂物の言説と相俟って「貧乏」であることを揶揄《やゆ》された存在でした。本書でもその様子を見てきましたが、さすがに近世の言説とまではいかなくとも、さまざまな儀式を行う際に費用面で苦慮したことは疑いありません。そのため、諸大名に献金を募り、あるいは金銭と引き換えに官途《かんと》を与えていたのです。中には、かなり不本意なケースがあったのも事実ですが、背に腹は変えられなかったのでしょう。

実際に天皇が貧乏であったか否か、という点に関しては、実に判断が難しいところです。すでに述べたとおり、戦前の奥野高廣氏や近年の今谷明氏は、従来説のように禁裏《きんり》の財政がさほど窮乏していないとの指摘をしています。しかし、永原慶二氏は往時における膨大な皇室領荘園群や国衙《こくが》領の集積から得られる収入と比較すべきであって、天皇家の収入の実態は中流公家の家産《かさん》収入程度であったと指摘しています。つまり、奥野、今谷両氏の説と真っ向から対立しているのです。

さらに突き詰めていうと、収入に関しては諸史料からだいたいの額（禁裏領＝皇室領からの年貢）がわかるのですが、完璧なものとはいい切れません。いろいろな史料から収入に関する内容だけを拾い上げて集計するので、史料の残存状況に頼らざるを得ないという限界があります。ましてや支出になると、総体的なものがほとんどわからないというのが実情です。それゆえに収入の規模だけを論じても、どうしようもない側面があります。

現代であれば、たとえば一般的な会社であれば収入や支出を記した財務諸表を作成するのですが、当時の朝廷にはそうしたものはありません。そもそも、そこまでの意識はなかったでしょう。したがって、仮に収入が減っていても、それに見合う出費であれば、日常生活に問題はないといえるのかもしれません。いずれにしても、天皇家の正確な財務状況がわからないので、貧乏であったか否かは、即断し難い側面があるのです。

以上のような問題もあるのですが、これまで即位や大嘗会《だいじょうえ》に伴って各国に賦課された段銭《たんせん》の徴収が、実質的に困難になっていたことも財政を窮乏化させる大きな要因となりました。特別な収入の道が絶たれたわけです。この事実は、各地の守護《しゅご》が将軍や天皇の命令に応じず、もはや期待できない状況にあったことを示しています。そこで、改元などに伴って、朝廷から幕府に資金援助が求められるわけですが、財政事情は幕府もさして変わらない状況でした。幕府には御料所《ごりょうしょ》（直轄領）が各国に設定されていましたが、天皇家と同じく年貢の納入が滞ることが多かったのです。即位などは臨時の出費ですが、通常の収入だけでは賄うのが難しかったことは確かです。

天皇が禁裏料所《きんりりょうしょ》（皇室領）からの年貢納入に一喜一憂していたのは、間違いのない事実です。数年滞った年貢が、ようやく納入されることもありました。しかし、そのように紆余曲折を経ながら、鳥取荘《ととりのしょう》（岡山県赤磐市）のように、慶長《けいちょう》五年（一六〇〇）まで年貢が納められたケースもありました。備前国の宇喜多直家《うきたなおいえ》・秀家《ひでいえ》父子は、まじめに年貢を朝廷に届けているのです。つまり、ずっと以前の最盛期と比較すれば圧倒的に少ないのですが、何とか皇室領を維持はしてきたのです。その点には着目する必要があるでしょう。

◇日常生活と儀式との間で

本書のタイトルに使った「貧乏天皇」という言葉に関わることですが、天皇は日々の生活、つまりやや卑近《ひきん》ないい方をすれば、衣食住についてはさほど窮乏を強いられていなかったと思います。極端ないい方をすれば、食事を抜いて一日を過ごすようなことはなかったということです。住まいについても災害のケースは別として、小さな不具合なら修繕をしていました。しかし、日々の食事ができたり、ちょっとした修繕ができたりしていたからといって、天皇が貧乏ではなかったとはいい難いのです。なぜなら、天皇という存在と、本書で再三取り上げてきたさまざまな儀式の執行とが、不可分な関係にあるからです。

仮に即位式を行うにしても、先例にのっとった作法が求められます。そのためにこれまでの事例を確認したり、練習を行ったりしたのです。みっともない真似はできません。そのための調度品や装束を準備するには、莫大な費用が求められました。その費用を弁じるためには、幕府をはじめ諸大名の力を借りなくてはなりませんでした。ただ、諸大名たちの多くは、何の見返りもなしに、直ちに献金に応じたわけではありません。そこで、献金と引き換えに官途などが授けられることになったのです。

参考までに、平成二十四年度の皇室費（予算）は、全体で約六十一億九千五百万円になっています。皇室費は内廷費、皇族費、宮廷費で構成されており、その内訳は次のとおりです（宮内庁のホームページから）。

①内廷費（天皇家の生活費）――――――――約三億二千四百万円

②皇族費（国が皇族に対して支出する皇室費用）――約二億九千万円
③宮廷費（天皇の行う国事行為の経費など）――約五十五億八千万円

この内訳を見ればわかるとおり、皇室費のうち宮廷費が全体の約九十％を占めることに気付くと思います。現代の皇室費と戦国期のそれとを単純に比較することは、慎まなくてはならないかもしれません。しかし、常識的に考えると、戦国期も必要以上に日常生活を贅沢にしていたとは考えにくく、年中行事や特殊な儀式に費用の多くが割かれたと考えるべきでしょう。その額は多大なものでした。参考までに、平成元年（一九八九）二月二十四日に挙行された大葬《たいそう》の礼（昭和天皇）、平成二年（一九九〇）十一月十二日に挙行された即位の礼（今上《きんじょう》天皇）にかかった費用を掲出しておきましょう。

①大葬の礼――約九十八億円
②即位の礼――約五十五億円

これらの額は、皇室の年間費用と匹敵するか、はるかに超えるものでした。このほかに、大《だい》嘗《じょう》祭《さい》関連費用も、かなりの高額になっています。現代でも、これらの費用は莫大なものになるのです。即位の礼の場合ですと、平成二年（一九九〇）一月二十三日に賢所《かしこどころ》・皇霊殿《こうれいでん》・神殿《しんでん》に期日奉告《きじつほうこく》の儀、そして伊勢神宮・天皇陵などに勅使発遣《ちょくしはっけん》の儀が行われるなど、約一年近くの間、さまざまな儀式が執り行われました。即位を祝う饗宴《きょうえん》の儀は、十一月十二日から十五日まで計七回、延べ三千五百人の賓客《ひんきゃく》が招かれています。通常とは、儀式の規模が全く違うのです。最近になって、今上天皇は大葬の礼を簡素化して欲しいと述べています。現在の厳しい経済状況を考慮しての発言なのです。

種々議論があるところかもしれませんが、戦国期の天皇家には即位式や節会《せちえ》などの儀式や行事の費用を支弁《しべん》するだけの財政的な余裕は、ほとんどありませんでした。天皇という卓越した身分を考慮すれば、やはり「貧乏であった」といわざるを得ません。普通の人々とは、そこが大きく違うところです。

◇官途の有効性

特に本書第四章で触れたとおり、各国の大名は多額の金銭を負担して官途を手に入れました。この事情をもとにして、在国受領官途《ざいこくずりょうかんと》（たとえば摂津守など）が支配を進めるのに、有効であったという説が提起されてきました。ただ、現段階では有効な理論にはなり得ていません。この点の可否に関しては、改めて木下聡氏の研究によって、確認しておきたいと思います。在国受領官途が理論的に有効ではない理由を要約すれば、次の二点に集約されるでしょう。

①在国受領官途を名乗ることによって、即効的に得られる効果はない。

②ただし、自身の政治的志向性を内外に示し、支配を有効に進めるための名分の一つという意味での「効果」はあった。

この二点を柱として、武家官途には、名乗ればただちに実利が得られるような効果はなく、基本的に他家との政治的関係上や、支配の正当性などの名分を得る目的から求められたと指摘されています。ここでは、明確に官途の持つ実利性が否定されています。また、武家官途は律令制の官位相当は無視され、その官途が持つ由緒によって実際の価値が定められたと述べています。さらに、十五世紀半ば以降の武家官途を考えるうえで、官位相当と照らし合わせて述べることには全く意味がないとも指摘されているのです。

官位相当とは、官職をそれぞれ相当する位階に配して等級を定めることです。たとえば、太《だ》政《じょう》大臣《だいじん》は正《しょう》・従一位《じゅいちい》、左右大臣は正・従二位に相当するなどです。いうまでもないことですが、ある大名が仮に「左京大夫《さきょうのだいぶ》」に任じられたからといって、「左京大夫」の職務に従事したわけではありません。ちなみに「左京大夫」は、京都市中の行政・司法・治安を統括する京職《きょうしき》つまり左京職《さきょうしき》の長です（右京職も存在した）。東北の大名の多くが「左京大夫」を申請しましたが、当然ながら在京して職務を果たすことはできません。こうして官途は、官位相当や実際の職務の実態からずれていったのです。

さらに木下氏は数ある官途の中で、たとえば「左京大夫」ならなぜ「左京大夫」を各大名が選んだのかについて、次のように述べています。

①代々用いる家の官途あるいは先祖の官途だから。
②家格の高い者が用いる上位の官途だから。
③他家とは異なる独自な官途だから。
④その官途が持つ由緒を必要としたから。

中には特別意識していない場合や、他大名との関係（同じ官途を名乗っていて具合が悪いなど）や主を変えた場合にその家の官途秩序にそぐわないときは、官途が変更されたと指摘されています。本書でも述べましたが、管領《かんれい》家の細川氏にとっては、「右京大夫」と「武蔵守」という官途が家の由緒として重要な意味を持ちました。確かに実利はなかったのかもしれませんが、各大名はそれなりにポリシーを持って、官途を選択していたといえるでしょう。それは、細川氏だけに限りませんでした。

このように近年の研究では、官途の持つ実利性というものが、否定的に捉えられています。しかしながら、支配などの名分として欲し、官途を得た者が「効果」を期待していたことは事実です。そうでなければ、大金を払ってまで獲得する必要がないからです。武家（幕府）からの推挙が必要とはいえ、最終的に官途を授与する権限を保持したのは天皇でした。この点は天皇の権威の源泉を考えるうえで、非常に重要であると思います。

◇戦国大名から見た守護と国司

受領官途の問題と相俟って、これまで主張されてきた説として、戦国大名が守護職に意味を見出さなくなり、国司《こくし》に意義を見出したとする説があります。この点についても第四章で触れたところですが、もう少し別の角度から考えてみましょう。

おおむね十五世紀中後半頃から、守護職の持つ意味が薄れた点は、朝倉《あさくら》氏や尼子《あまご》氏の例を取り上げて述べました。現実に、守護職の任命権についても、徐々に各守護家の重臣たちの意向に左右されるようになりました。文明《ぶんめい》十六年（一四八四）二月、但馬国山名《やまな》氏の播磨侵攻を許し、国外へ逃亡した赤松政則《あかまつまさのり》は、三ヵ国守護（播磨・備前・美作）の地位を重臣たちから追われることになります。具体的にいうと、浦上則宗《うらがみのりむね》ら五人の赤松氏重臣が幕府に対し、政則の三ヵ国守護を廃することと、新三ヵ国守護として一族の有馬慶寿丸《ありまけいじゅまる》（のちの澄則《すみのり》）を就任させるよう申請したのです（「蜷川家文書」）。

九代将軍・足利義尚《よしひさ》はこれを了承したのですが、父である義政《よしまさ》はこれを知らなかったことだといい、認めることがありませんでした。この時点で実質的に将軍権力も二分化し、混乱をきたしていたのです。政則は配下の別所則治《べっしょのりはる》に助けられ、義尚でなく義政を頼ったのですが、多分にそうした影響があったのでしょう。いずれにしても、誰を守護にするかの決定は、ある程度守護家内部の重臣層の意向に沿わなくてはなりませんでした。それがこの時代の特徴であったのですが、幕府内部で意思統一を図れないことも異常事態であったといえます。

このような状況から明らかなように、守護職の意義や魅力が減少していたのは明らかです。明応《めいおう》五年（一四九六）に赤松政則が亡くなると、後継者の義村《よしむら》は一族の赤松七条家から迎えられました。このときも、浦上則宗ら五人の赤松氏重臣が幕府に対し、義村を新三ヵ国守護にするように申請しているのです。赤松氏の一族衆・年老衆の同意を取り付けたとあるので、家中の意向は尊重されたわけです。この頃、将軍権力が衰退していたのは紛れもない事実であり、そこから与えられる守護職の意義も薄れつつありました。

繰り返しになりますが、十六世紀の初頭以後は実力による支配が展開し、誰が守護職に補任されたのかはあまり意味がなくなります。官途と同じく「名分」という意味で効果が期待され、実利性はほとんどなかったと考えるべきです。守護職を欲した事例は、領国における実効支配確立後、名分を得るために申請されたケースが多いのです。

以上のような事情を踏まえて、各地の大名が権原《けんげん》体系の本源たる天皇に直接連なり、守護職に先行する国支配権原たる国司が注目されたと指摘されたわけです。蛇足かもしれませんが、守護を任じる将軍を任命するのは、天皇です。そのような意味で、天皇は「権原体系の本源」であったといえるのです。ただ、こうした見解には疑問点があります。

すでに官途のところでも述べましたが、当該期の在国受領官途（たとえば摂津守など）は、当該国を支配するために与えられたわけではありません。また、在国受領官途が当該国の実効支配を確約したものでもありません。平安期におけるような国司という役割は、全く与えられていないことに注意すべきです。先行研究が指摘するとおり、「名分」という意味で効果が期待された、一つの官途にしか過ぎないのです。したがって、戦国期の在国受領官途には、かなり過大な評価が与えられているように感じてなりません。

さらにいうならば、確かに天皇は「権原体系の本源」であったかもしれませんが、実態としては幕府に頼らざるを得ない「か弱い」存在でした。内裏が自然災害で破壊されると修繕費を要求し、即位式、改元、葬儀などで費用負担を幕府に求めました。もちろん、それだけではありません。天皇が幕府と同様に各地の大名に対して、さまざまな場面で献金を依頼している点を考慮すれば、天皇に直結する「守護職に先行する国支配権原たる国司」がいかに脆弱《ぜいじゃく》な意味しか持たないかが、おわかりになると思います。

したがって、受領官途や国司というものを過大評価し、天皇の権威に高い評価を与えるのは、いささか疑問を感じるのです。

◇根強い官途の影響力

こうした官途が、さまざまな場面で要求されたのは事実です。毛利《もうり》氏や大内《おおうち》氏などは、配下の者に対して官途状を与えています。官途を与えるといっても、毛利氏や大内氏が天皇に対して、官途の推挙を行ったわけではありません。大名でさえある程度は家格に応じて検討されたわけですから、その配下の者の官途授与にまで付き合っている暇はありません。各大名は独自に官途を与えていたのです。官途を与えられた者は、それを栄誉に思ったので、大名は支配装置の一つとして利用していました。

ところで、豊臣秀吉《とよとみひでよし》は独自の武家官位制を創出し、大名統制を行いました。同時に「豊臣」

姓や「羽柴《はしば》」氏を与え、自己の権威を強めようとしたのです。宇喜多秀家のような一介の国人《こくじん》クラス出身の者も、若年にして権中納言《ごんちゅうなごん》に任じられています。これまでは、絶対に考えられないことでした。こうした制度は江戸幕府にも引き継がれ、武家官位は公家官位の員数外（これまでのように公家と武家の官位が混在するのではなく、武家官位は別途構築された）とされました。江戸時代になっても、官位は尊重されたのです。

また、村落社会においても、「乙名成《おとななり》」が「官途成《かんとなり》」を伴っていたことが指摘されています。「乙名成」とは、村落における指導的身分になることでした。山城国山科郷《やましなごう》（京都市山科区）では、「乙名成」に際して、「二郎衛門」「七郎左衛門」など「衛門」という官途を名乗っています（『山《やま》科家礼記《しなけらいき》』）。衛門とは、衛門府《えもんふ》（宮城諸門の警衛・開閉、通行の検察などを管轄した官司）の職員を示しますが、いうまでもなく職務とは何ら関係はありません。その際、村落の共同体に対して、挨拶料を納めなくてはならなかった点は興味深いところです。つまり、村落で官途を名乗ることは、家格や名誉を意味したといえるのです。

このように、官途は天皇・幕府と大名との関係だけではなく、直接関係はしなくても、その配下の武将、さらに村落へと根強く支持されたことがわかるのです。

◇年号制定の意味

年号制定は、天皇の専権事項の一つです。しかし、ここまで見てきたとおり、必ずしも天皇が自由に決定できたわけではなく、幕府との刷り合わせが必要でした。同時に、費用負担が幕府に求められたのも事実です。このような点を考慮すると、天皇が自由に年号を決定できたとはいい難いようです。実際に年号を選ぶ際にも、武家方への配慮がありました（武家方の嫌う文字は使用しないなど）。いくつかの制約があった点には、注意を払うべきでしょう。

永原慶二氏は、第四章で取り上げた私年号「命禄《めいろく》」について見解を述べています。命禄元年は、先述のとおり天文《てんぶん》九年（一五四〇）にあたる私年号です。甲斐の武田信虎《たけだのぶとら》は、この「命禄」年号を用いた発給文書をいくつか残しています（「津金元衛氏所蔵文書」など）。この点について永原慶二氏は、次のように指摘をしています。

甲斐の守護家であった武田氏においては、中央の定める元号への関心はほとんど喪失していたとさえいえるであろう。

この見解も極論に過ぎるといえます。武田氏が「命禄元年」を用いた発給文書は三点を確認できますが、命禄二年を用いたものはありません（関東では一部、命禄三年まで使用された）。ほとんど継続性がないのです。中央の定める年号に関心がなくなったのなら、引き続き命禄年号を使用するなり、新しい年号を制定することになると思います。信虎が命禄という年号を使った理由は、別に求める必要があると思うのです。それゆえに、永原氏の見解にはいささか疑問を感じざるを得ません。

命禄年号が使われた背景について、少し考えてみましょう。天文九年（一五四〇）は、自然災害に明け暮れた年でした。朝廷や幕府でも改元を行おうとしましたが、資金不足により断念したほどです。少なくとも天変地異により改元が行われていた事実は、多くの大名クラスの人々には認識されていたことでしょう。そのような事情を考えてみると、多くの大名には改元が速やかに行われない不満があったと考えられます。

ちなみに「命禄」の「禄」には、「天から与えられた幸い」という縁起のよい意味があります。転じて「命禄」は、「天から授かる運命」という意を表しています。命禄が伊豆三島社から関東に広がったことは先述しましたが、改元がなされなかったため、災害が鎮まることを願い、自然発生的に用いられたものと考えられます。武田氏もこうした流れから、どうしても用いなければならなかったと推測されます。しかし、天変地異が収まれば、もとの天文年号を用いていますす。したがって、武田氏に関心がなかったというよりも、必要に迫られて使ったといったほうが正しいのではないかと思います。

永原慶二氏は、文明《ぶんめい》十九年（一四八七）七月二十日、「文明」から「長享《ちょうきょう》」に改元されたにもかかわらず、甲斐の武田信昌《のぶまさ》が文明十九年十一月日（日付なし）の文書を発給していることから（改元から三ヵ月以上経過）、次のように述べています。

国家支配の権威的象徴である元号に対して、地方の戦国大名が天皇の政治的権威性に関心を失いつつあったことを意味しているといってよい。

こちらも一例をもって指摘するには、あまりにも極論であるといえます。本当に武田氏が天皇の政治的権威性に関心を失っていたのなら、私年号を用いることと同じ理屈で、ずっと文明年号を用いればよいわけです。この点は、鎌倉《かまくら》公方《くぼう》の足利持氏《もちうじ》が反抗の意を示し、意図的に正長《しょうちょう》年号を二年も余分に用いたのとは、様相を異にします。京都でも朝廷で改元が定まったのは文明十九年七月二十日、幕府が改元吉書《きっしょ》を行って用いるようになったのは約三週間後の八月九日のことです。播磨では、八月十三日まで「文明」年号を用いた例を確認できます（「吉川家文書」）。

永原慶二氏は、このほかにも応仁・文明の乱に際して、西軍が新年号を用いようとした例を挙げて、「戦国期に入って異年号の使用例が多く見出されるようになり」と指摘していますが、先述のとおり私年号が主として用いられたのは、東北、関東、中部地方でした（結局、西軍は新年号を用いていません）。全国的に使用されたわけではないのです。西軍が東軍への対抗上、南朝の子孫を天皇に迎え、新年号を定めようとしたのは事実ですが、いささか拡大解釈といえるでしょう。

年号の制定権は基本的に天皇にあり、幕府と調整して制定されました。しかし、逆に幕府だけでは制定できないので、天皇の存在は必要不可欠だったのはいうまでもありません。旧年号を使用し続けることや私年号を用いることは、意義を論じるには類例が乏しく、天皇権威を低く評価するには、もう少し検討が必要なのです。

◇戦国期に天皇の権威は浮上したか

戦国期の天皇に関しては、将軍権力の低下に伴って、その権威が浮上したという説が唱えられています。逆に、天皇の権威が浮上したという説に疑問を呈する論者もいます。その点について考えてみましょう。

正直なところ、私自身は、天皇の権威が「浮上した」あるいは「下降した」ということを論じることには、あまり意味がないように考えています。各地の大名が官途を求めて、天皇に競って献金した例は枚挙に暇がありません。ただ、この事実をもって、天皇の権威が浮上したとはいい難いのではないかと思います。理由は官途などが「名分」を持ったかもしれませんが、実利性がほとんどなかったからです。実利性がないものを獲得して、天皇の権威が浮上したというのは、はなはだ疑問です。

たとえば、Aという大名とBという大名が争っているとき、大名Aが天皇に献金をして官途を獲得したとしましょう。大名Aは官途を獲得して、天皇のお墨付きという「名分」を得たことになり、百万の味方を得たような心境になったでしょう。しかし、大名Bは大名Aが官途を獲得したことによって、ただちに怯《ひる》んだり、ましてや降参することがあるのでしょうか。そのような事例は、まず確認できないと思います。なぜなら、官途には「名分」があっても、実効性や実利性はまず期待できないからです。ただ、大名Aは「名分」を得て、事を有利に進めようと考えたのは間違いないと思います。

以上の点から考えて、官途を与える天皇に権威があったのは疑いないとしても、与えられた官途には相手を圧倒する力がなさそうです。それゆえ、天皇の権威が「浮上した」「下降した」と論じても、さほど意味がないと考えるのです。幕府が任命する守護職が当該国の支配権を確約するものでない以上、大名たちが天皇の与える官途に期待を寄せていたのは事実かもしれません。しかし、その官途も当該国の支配権を確約するものではなく、単なる名分に過ぎなかったのです。

永原慶二氏は、天皇権威が浮上したのは、足利義昭《よしあき》と織田信長《おだのぶなが》が対立し、義昭が追放され、室町幕府が解体して以後のことであると指摘しています。その例として、元亀《げんき》元年（一五七〇）に信長と浅井長政《あざいながまさ》・朝倉義景《よしかげ》・大坂本願寺《ほんがんじ》の連合軍が戦った際、挟撃されて絶体絶命に追い詰められた信長は、正親町《おおぎまち》天皇の勅命によって講和を結び、危機を脱したことを述べています。信長が「袞竜《こんりょう》の袖《そで》にすがった（天皇に泣きついて和睦斡旋を依頼した）」といわれるこの事例が、天皇権威が浮上したことと結び付けられたために、この説は長く通説として扱われてきました。

ところが、最近の研究によると、正親町天皇の勅命によって講和を結んだという事実に疑義が提示されています。桐野作人氏や堀新氏の研究によると、おおむね次のように要約できるでしょう。

①信長が形勢不利でなかったと考えられること（不利なのは浅井・朝倉方であった）。
②信長は近江六角《ろっかく》氏や阿波三好《みよし》氏とすでに和睦を結んでおり、南北から挟撃される危険性がなかったこと。
③浅井氏が信長に和睦を申し入れたが、受け入れられなかった事実があること（『尋憲記《じんけんき》』）。

こうした状況から、信長サイドから浅井・朝倉方に和睦を申し入れるとは考えにくいと指摘をしています。そして、多くの史料の検討から、実際に和睦に奔走したのは関白の二条晴良《にじょうはれよし》であり、両者の和睦は天皇と無関係に足利義昭の斡旋によって成立したとされています。そして、種々の史料を検討した結果、天皇に講和の主導権はなく、また中立的な立場で調停権が行使されていないという見解を提示しました。私もこの見解に賛意を示します。こうなると、正親町による和睦斡旋の事実も疑問視されることになり、天皇権威が浮上したという見解にも疑問符が付きます。

また、永原氏は天正《てんしょう》十八年（一五九〇）の小田原北条《ほうじょう》氏討伐の際、その前年に秀吉が「天道の正理」と「勅命」を重ね合わせて、自己の軍事行動や天下人の全国支配の正統性を主張しているとしています。そして、こうした事例をもとに、次のように述べています。

戦国争乱が最終局面に達するなかで、天下を目ざす人びとが、その全国支配の公儀性・正統性の根拠を形式的にととのえる目的で、天皇の権威を積極的に「浮上」させているのである。

しかし、天皇の権威を「利用」しているとはいえても、「浮上」させているとまではいえないのではないでしょうか。結局、秀吉は自身の武力で解決しているのです。先述した正親町による和睦斡旋は、成り立ち難いと考えられています。また、秀吉の小田原北条氏の征伐の件も、結局は天皇の権威で解決したのではなく武力による圧伏でした。天皇の権威は、全く無意味とまでは申しませんが、副次的なものであったといえます。

天皇自身が官途授与、綸旨《りんじ》の下付などによって存在感を示し、同時に献金を獲得したことは事実です。ただ、これまで挙げてきた事実によって、天皇権威が「浮上」したと考えるのは疑問であって、せいぜい利用されたというのが「内実」であったように思います。その中で、「浮上」した、「下降」したと論じることに、意義は見出せないのです。

◇天皇はなぜ生き残ったのか

最後に、天皇はなぜ生き残ったのかという問題について、考えてみたいと思います。この問題は、これまで多くの研究者によって検討されてきましたが、なかなか明快な結論が出なかった難問です。私の場合も、そうした研究成果に基づく「試論」ということで述べさせていただきたいと思います。

まず、天皇がすべての権門《けんもん》（公家、武家など）の頂点にあったことが、最大の理由の一つといってもよいでしょう。中世の天皇は南北朝期に一時的に勢力を盛り返しますが、実質的には平安時代末期には政治権力を失っていました。平たくいえば、中世（鎌倉から戦国まで）は武家の時代です。そのような中でも、武家（足利氏）を征夷大将軍《せいいたいしょうぐん》に任命し、公家（五摂家《ごせっけ》）の中から摂政《せっしょう》、関白《かんぱく》などを任命し得るのは、唯一天皇だけだったのです。つまり天皇は、あらゆる身分の頂点に立つ任免権者だったのです。

ところが、戦国期に至ると、そうしたことでさえ単なる形式に過ぎなくなるのかもしれません。いくつか例を挙げてみましょう。

すでに十五世紀の中後半以後、将軍家では将軍宣下《せんげ》が遅れるような事態が頻発し、実質的な支配をもって幕府を維持・運営した感があります。たとえば、六代将軍・義教《よしのり》は法体であったなどの理由から、将軍宣下が遅くなったのです。それでも、義教は周囲から将軍とみなされました。戦国期に至ると、義澄《よしずみ》と義稙《よしたね》が将軍職をめぐって争うなど混乱が生じます。つまり、将軍職ですら、ほとんど実力により獲得する傾向にあり、極端にいえば将軍宣下は形式的なものであったのかもしれません。

こうした将軍から守護職を与えられた大名は、やはりそれを形式的なものとして受け止めたことでしょう。十五世紀中後半以降、守護職が実効支配にあまり貢献しなかったことは、これまで述べてきたとおりです。所詮は実力がなければ、領国内の支配を行えなかったのです。しかし、大名たちが官途と同様に、「名分」として守護職を欲したのは事実です。あればあるなりに、それなりの意味があった（と信じられた）のです。将軍権力が低下して以後は、官途にも「名分」が求められました。

同じような状況は、地方の寺院や村落にまで広がりを見せます。地方の寺院では僧侶が国師号などを欲し、村落では乙名成に際して官途成をしました。そのすべてが、天皇の権威へとつながっていくのです。極論かもしれませんが、こうした事象は日本の隅々にまで、さまざまな形で行き渡ったといえるでしょう。

また、年号に関しては、天皇と配下の公家らによって決められたもので、武家には関与の余地がありませんでした。せいぜい制定の時期や費用の負担について、意見することができたくらいです。仮に武家方で「年号を決めなさい」といわれても、そのノウハウは全く持っていませんでした。そう考えると、天皇がいなくなると非常に困るわけです。年号に変わるような時間の尺度を示すことも困難です。

将軍職、守護職、官途、国師号、官途成などは、極言すれば形式的なものであって、単なる名分に過ぎなかったかもしれません。しかし、それは脈々と受け継がれ、非常に長い年月をかけて浸透したものでした。年号も同じです。そうした蓄積を根底から覆すのは、至難の業であったのです。

仮に武家が天皇を追放したとしても、これまで築いてきた秩序・体系を破壊し、一から新しい秩序・体系を築くのは不可能だったでしょう。天皇がいなくなった途端に、武家はそうした必要に迫られるのです。それができないということになると、必然的に天皇との協調が必要になります。少なからず戦国期の天皇が生き残った理由としては、そうした理由があると思います。武家は無意識のうちに、そうした事情を意識していたのです。それゆえにいかなる権力者も、天皇を放逐し得なかったのです。

それは、天下人として君臨した、織田信長、豊臣秀吉、徳川家康《とくがわいえやす》も事情は同じであったと思います。彼らも新しい秩序・体系を築くことができない以上、これまでの枠組み（官途・年号など）を温存し、換骨奪胎して利用するしか道がなかったのです。三代将軍・足利義満《よしみつ》が皇位を簒奪《さんだつ》しようとしたという説は、成り立たないとされています。同様に信長が正親町を強く圧迫しようとした説（譲位を迫ったなど）も、疑問視すべきでしょう。「天下のため」という大義名分のためには、天皇権威を最大限に尊重し、自己の権力と結びつけるほうが得策だったといえるのです。

つまり、形式には形式の意味や価値があり、それを崩して新しい秩序や体系を築くのは困難といえましょう。その頂点に立つ天皇を追放するなどということは、彼らの頭の中になかったというのが実態であったと思います。

こうした私の考え方は、やや抽象的に過ぎるのかもしれません。しかしながら、天皇家は古代以来絶えることなく、脈々と継承された権威的な存在です。天下人から庶民に至るまで、無意識のうちに天皇権威を活用し、形式であっても「名分」として官途などを欲したのです。むろん、実利性や実効性は伴いません。そうした理由が、戦国期に天皇が生き残った最大の要因と考えられるのではないでしょうか。

「天皇がなぜ生き残ったか」という課題は、本書で取り上げた特定の期間だけなく、中世全般の検討を通して、改めて考える機会を持ちたいと思います。

おわりに

最後に、本書の成り立ちについて、少し触れておきたいと思います。

前著『逃げる公家、媚びる公家――戦国時代の貧しい貴族たち』（柏書房）を刊行したあと、編集者の小代渉氏との会話の中で、「次は天皇ですね」という話になりました。少し単純かもしれませんが、天皇と公家はセットになっています。片方に触れて、片方に触れないのは、いささか具合が悪いだろうと考えたからです。本書の冒頭でも触れましたが、「戦国期の天皇」については、一般書の類書がほとんどないのも理由の一つでした。

ところが昨年、講談社から『天皇の歴史』シリーズが刊行され、当然ながら中世編も刊行されました。しかし、本書で取り上げた後花園・後土御門・後柏原・後奈良の四天皇については、検討の対象にすらなっていませんでしたので、いささか複雑な気持ちになってしまいました。

最初は、正親町《おおぎまち》と後陽成《ごようぜい》も含める予定でしたが、今回取り上げた四天皇だけでも紙数が足りないくらいだったので、欲張らなくてよかったのかもしれません。実は、この四天皇の史料は、信じ難いほど膨大な量があるのです。すべてを網羅的に調べて本にすれば、一人一冊の分量に間違いなくなるほどです。なお、正親町と後陽成の二人に関しては、信長、秀吉、家康との問題とを絡めて、別の機会に改めて取り上げたいと思います。

私が本書の執筆を通じて痛感したのは、生身の人間としての天皇の姿です。およそ天皇といえば、実体を捉えにくい存在かもしれません。しかし、個々の具体的な事実を取り上げてみると、苦悩に満ちた姿などが浮かび上がってきました。本書でも随所に触れたとおり、御所の修繕や儀式の費用などに、さまざまな経費が必要でした。費用を賄うために、金銭と引き換えに不相応な官位を与えるなど、苦渋の決断を迫られました。一方で、守らなくてはならない秩序や先例があり、天皇はそれらと板ばさみになっていたのです。

同時に、これまで多くの誤解があることも確認できました。たとえば、官途をめぐる諸問題――とりわけ受領官途が支配上多くの効果をもたらしたという説など――は、近年の官途研究によって大きな修整がなされています。また、受領官途を得ることによって、守護よりも国司のほうが大きな意味を持ったという説も、史料に基づいて立証されたわけではありません。近世に流布した天皇に関する言説――貧乏であったという説――と相俟って、今後、認識されなくてはならないと思います。

本書ではできるだけ豊富なエピソードに触れることに努めたので、あまりに細かい事象（制度や各儀式の細かな手順など）は必要最小限の説明に止めています。また、各天皇の事績を網羅的に取り上げていませんので、その点は今後の本格的な伝記研究が俟たれるところです。

本書執筆に際しましては、前回と同じく編集を担当いただいた小代渉氏のお世話になりました。小代氏には企画の段階から相談に乗っていただくとともに、原稿も丁寧に読んでいただき、かつ適切なアドバイスもいただくことができました。ここに厚くお礼を申し上げる次第です。

なお、本書では多くの先行研究や史料を参照しましたが、読みやすさを考慮して、学術論文の註のようにすべての根拠を逐一明記していません。この点を何卒ご海容いただき、さらに勉強を進めたい方は、巻末の参考文献をお読みいただけると幸いです。また、より理解を深めるため、合わせて拙著『逃げる公家、媚びる公家——戦国時代の貧しい貴族たち』をご一読いただければ幸いです。

二〇一二年十月

渡邊　大門

主要参考文献（氏名五十音順）

◇史料集

帝国学士院編『帝室制度史料（全五巻）』（ヘラルド社、一九三七〜一九四二年）
藤井譲治、吉岡眞之監修・解説『後花園天皇実録（全三巻）』（ゆまに書房、二〇〇九年）
藤井譲治、吉岡眞之監修・解説『後土御門天皇実録（全五巻）』（ゆまに書房、二〇〇九年）
藤井譲治、吉岡眞之監修・解説『後柏原天皇実録（全三巻）』（ゆまに書房、二〇一〇年）
藤井譲治、吉岡眞之監修・解説『後奈良天皇実録（全三巻）』（ゆまに書房、二〇一〇年）

◇主要著作・論文

浅野長武「後柏原天皇の御即位式に関する研究」（池内宏編『東洋史論叢　白鳥博士還暦記念』岩波書店、一九二五年）
浅野長武「室町時代の皇室と国民」（国史研究会編『岩波講座日本歴史　第四（中世一）』岩波書店、一九三四年）
網野善彦『日本中世の非農業民と天皇』（岩波書店、一九八四年）
安良城盛昭『天皇・天皇制・百姓・沖縄――社会構成史より見た社会史研究批判』（吉川弘文館、二〇〇七年）
池　享『戦国・織豊期の武家と天皇』（校倉書房、二〇〇三年）
石井良助『天皇――天皇の生成および不親政の伝統』（講談社学術文庫、二〇一一年）
石上英一他編『講座前近代の天皇（全五巻）』（青木書店、一九九二〜一九九五年）
位藤邦生『伏見宮貞成の文学』（清文堂出版、一九九一年）
今谷　明『室町の王権――足利義満の王権簒奪計画』（中公新書、一九九一年）

今谷　明『天皇家はなぜ続いたか』（新人物往来社、一九九一年）
今谷　明『武家と天皇』（岩波新書、一九九三年）
今谷　明『戦国大名と天皇――室町幕府の解体と王権の逆襲』（講談社学術文庫、二〇〇一年）
今谷　明『信長と天皇――中世的権威に挑む覇王』（講談社学術文庫、二〇〇二年）
奥野高廣『皇室御経済史の研究（前編・後編）』（国書刊行会、一九八二年）
奥野高廣『戦国時代の宮廷生活』（続群書類従完成会、二〇〇四年）
小野晃嗣『日本中世商業史の研究』（法政大学出版局、一九八九年）
勝野隆信「上人号宣下考」（高橋隆三先生喜寿記念論集刊行会『高橋隆三先生喜寿記念論集　古記録の研究』続群書類従完成会、一九七〇年）
金子　拓「室町幕府の中の武家官途――その律令的官位制からの遊離をめぐって」（同『中世武家政権と政治秩序』吉川弘文館、一九九八年）
神田裕理『戦国・織豊期の朝廷と公家社会』（校倉書房、二〇一一年）
木下　聡『中世武家官位の研究』（吉川弘文館、二〇一一年）
桐野作人『織田信長――戦国最強の軍事カリスマ』（新人物往来社、二〇一一年）
久保常晴『日本私年号の研究（新装版）』（吉川弘文館、二〇一二年）
河内祥輔「日本中世の朝廷・幕府体制」（『歴史評論』五〇〇号、一九九一年）
河内祥輔・新田一郎『天皇の歴史04　天皇と中世の武家』（講談社、二〇一一年）
小森崇弘『戦国期禁裏と公家社会の文化史――後土御門天皇期を中心に』（小森崇弘君著書刊行委員会、二〇一〇年）
酒井信彦「応仁・文明の乱と朝儀の再興」（『東京大学史料編纂所研究紀要』五号、一九九五年）
田中修實「赤松氏守護管国における在国・隣国受領名官途の権威と構造――美作守・備前守の事例を中心に」（同『日本中世の法と権威』高科書店、一九九三年）
富田正弘「室町殿と天皇」（『日本史研究』三一九号、一九八九年）
永原慶二「前近代における公儀と天皇」（歴史学研究会編『天皇と天皇制を考える』青木書店、一九八六年）

永原慶二『日本中世の社会と国家　増補改訂版』（青木書店、一九九一年）
永原慶二「歴史的存在としての天皇および天皇制――その若干の論点についての覚書」（同『永原慶二著作選集　第七巻』吉川弘文館、二〇〇八年）
新田一郎『日本の歴史11　太平記の時代』（講談社、二〇〇一年）
肥後和男他『歴代天皇紀』（秋田書店、一九七二年）
久水俊和『室町期の朝廷公事と公武関係』（岩田書院、二〇一一年）
藤井讓治『天皇の歴史05　天皇と天下人』（講談社、二〇一一年）
堀　新「戦国大名織田氏と天皇権威――今谷明氏の「天皇史」によせて」（『歴史評論』五二三号、一九九三年）
堀　新『織豊期王権論』（校倉書房、二〇一一年）
三鬼清一郎「戦国・近世初期の天皇・朝廷をめぐって」（『歴史評論』四九二号、一九九一年）
水林　彪『天皇制史論――本質・起源・展開』（岩波書店、二〇〇六年）
横井　清『室町時代の一皇族の生涯――『看聞日記』の世界』（講談社学術文庫、二〇〇二年）
米田雄介編『歴代天皇・年号事典』（吉川弘文館、二〇〇三年）
脇田晴子「戦国期における天皇権威の浮上（上・下）」（『日本史研究』三四〇・三四一号、一九九〇・一九九一年）
脇田晴子『天皇と中世文化』（吉川弘文館、二〇〇三年）
和田英松『国史国文之研究』（雄山閣、一九二六年）
和田英松『皇室御撰之研究』（明治書院、一九三三年）
渡邊大門『奪われた「三種神器」――皇位継承の中世史』（講談社現代新書、二〇〇九年）
渡邊大門「播磨国赤松氏および被官人の官途について――隣国受領名官途の在地効果説をめぐって」（同『中世後期の赤松氏――政治・史料・文化の視点から』日本史史料研究会、二〇一一年）
渡邊大門『戦国誕生――中世日本が終焉するとき』（講談社現代新書、二〇一一年）
渡邊大門『逃げる公家、媚びる公家――戦国時代の貧しい貴族たち』（柏書房、二〇一一年）
渡辺世祐『室町時代史（日本時代史　第七巻）』（早稲田大学出版部、一九二六年）

著者略歴

渡邊大門(わたなべ　だいもん)

1967年、神奈川県横浜市生まれ。
1990年、関西学院大学文学部史学科卒業。
2008年、佛教大学大学院文学研究科博士後期課程修了、博士(文学)。
現在、大阪観光大学観光学研究所客員研究員。

◎単著

『赤松氏五代』(ミネルヴァ書房、2012年)
『大坂落城　戦国終焉の舞台』(角川学芸出版、2012年)
『備前浦上氏』(戎光祥出版、2012年)
『逃げる公家、媚びる公家——戦国時代の貧しい貴族たち』(柏書房、2011年)
『戦国期浦上氏・宇喜多氏と地域権力』(岩田書院、2011年)
『戦国の交渉人——外交僧安国寺恵瓊の知られざる生涯』(洋泉社歴史新書y、2011年)
『戦国誕生——中世日本が終焉するとき』(講談社現代新書、2011年)
『宇喜多直家・秀家』(ミネルヴァ書房、2011年)
『戦国期赤松氏の研究』(岩田書院、2010年)
『奪われた「三種の神器」——皇位継承の中世史』(講談社現代新書、2009年)ほか

戦国《せんごく》の貧乏天皇《びんぼうてんのう》

2012年11月10日　第1刷発行

著　者　渡邊大門
発行者　富澤凡子
発行所　柏書房株式会社
東京都文京区本駒込一-一三-一四　〒一一三-〇〇二一
電話　〇三-三九四七-八二五一(営業)
　　　〇三-三九四七-八二五四(編集)
装　丁　原田恵都子(ハラダ+ハラダ)
組　版　常松靖史[TUNE]
印刷・製本　中央精版印刷株式会社

ISBN978-4-7601-4153-1